高铁乘务安全管理及应急处置

主　编 ◎ 吴荣波　范先云
副主编 ◎ 魏鸿儒　徐斯强
参　编 ◎ 徐友良

西南交通大学出版社
·成都·

图书在版编目（CIP）数据

高铁乘务安全管理及应急处置/吴荣波，范先云主编. —成都：西南交通大学出版社，2018.7（2021.8重印）
ISBN 978-7-5643-6177-8

Ⅰ.①高… Ⅱ.①吴… ②范… Ⅲ.①高速铁路–铁路运输管理–安全管理–高等职业教育–教材 ②高速铁路–交通运输事故–事故处理–高等职业教育–教材 Ⅳ.①U298.1②U298.6

中国版本图书馆 CIP 数据核字（2018）第 102250 号

高铁乘务安全管理及应急处置	主编	吴荣波 范先云	责任编辑　周　杨 助理编辑　梁志敏 封面设计　严春艳

印张：10.5　字数：235千
成品尺寸：185 mm×260 mm
版次：2018年7月第1版
印次：2021年8月第3次
印刷：四川森林印务有限责任公司
书号：ISBN 978-7-5643-6177-8

出版发行：西南交通大学出版社
网址：http://www.xnjdcbs.com
地址：四川省成都市二环路北一段111号
　　　西南交通大学创新大厦21楼
邮政编码：610031
发行部电话：028-87600564　028-87600533
定价：32.00元

课件咨询电话：028-81435775
图书如有印装质量问题　本社负责退换
版权所有　盗版必究　举报电话：028-87600562

前　言

　　本书是为了全面提高高职院校运输专业学生的业务水平、安全意识和面对突发事件的应急处置能力，同时也是为了铁路运输企业输送更多的优秀人才而编写。

　　本书主要依据《中华人民共和国铁路法》《中华人民共和国安全生产法》《铁路安全保护条例》《铁路旅客人身伤害及自带行李损失处理暂行办法》《铁路交通事故调查处理规则》及铁路运行图等相关法规和文件，全面系统地讲述了乘务安全管理要求及应急处置办法，具有很强的实际操作性、适用性、普遍性，对高职院校运输专业学生的学习及铁路运输企业现场客运人员的培训具有十分重要的指导价值。同时，本书与中国铁路总公司和铁路局历年来举办的大赛接轨，为客运人员和学生提供了学习资料。

　　本书由吉林铁道职业技术学院吴荣波、范先云任主编，吉林铁道职业技术学院魏鸿儒、中国铁路沈阳局集团有限责任公司吉林客运段徐斯强任副主编，湖南高速铁路职业技术学院徐友良参编。本书在编写过程中得到了沈阳铁路局客运部门和相关铁路院校的大力支持和帮助，在此表示诚挚的谢意。

　　由于编者水平有限，书中难免存在不妥及疏漏之处，恳请各位读者予以指正。

编　者
2017 年 10 月

目 录

第一部分 乘务安全管理

第一章 国家法律法规……………………………………………………………1
 第一节 相关法律……………………………………………………………1
 课后复习题……………………………………………………………………7
 第二节 相关法规……………………………………………………………9
 课后复习题……………………………………………………………………18
 第三节 动车组列车相关规定………………………………………………20
 课后复习题……………………………………………………………………25
 第四节 空调列车相关规定…………………………………………………27
 课后复习题……………………………………………………………………29

第二章 电气化区段安全管理……………………………………………………32
 第一节 电气化铁路劳动安全通用知识……………………………………32
 第二节 电气化铁路附近灭火的安全常识…………………………………32
 第三节 警示标志的设置和遵守规定………………………………………33
 第四节 安全培训的基本要求………………………………………………33
 第五节 客运作业安全………………………………………………………33
 课后复习题……………………………………………………………………34

第三章 动车组消防安全管理暂行规定…………………………………………36
 第一节 总 则………………………………………………………………36
 第二节 部门管理职责………………………………………………………36
 第三节 消防组织和岗位职责………………………………………………37
 第四节 火灾预防……………………………………………………………39
 第五节 火灾应急处置………………………………………………………41
 课后复习题……………………………………………………………………42

第四章 《高速铁路技术管理规程》安全规定…………………………………44
 第一节 总 则………………………………………………………………44
 第二节 基本要求火灾防护…………………………………………………44
 第三节 线路及轨道…………………………………………………………45

第四节　信号、联锁及闭塞 ··· 45
　　第五节　铁路信息系统 ··· 46
　　第六节　车站及枢纽 ·· 47
　　第七节　机车车辆 ··· 47
　　第八节　行车组织 ··· 48
　　第九节　编组列车 ··· 50
　　第十节　信号显示 ··· 51
　　第十一节　听觉信号 ·· 52
　　课后复习题 ··· 54

第二部分　应急处置

第五章　高速铁路客运非正常情况下的应急处置措施 ························· 58
　　第一节　动车组列车发生火灾、爆炸时的应急处置措施 ················· 58
　　第二节　车站发生火灾、爆炸事故时的应急处置措施 ···················· 59
　　第三节　动车组列车晚点时的应急处置措施 ······························· 60
　　第四节　站车发生重大疫情时的应急处置措施 ···························· 61
　　第五节　站车发生旅客食物中毒事件时的应急处置措施 ················· 63
　　第六节　车站突发大客流时的应急处置措施 ······························· 64
　　第七节　动车组列车故障需启用热备动车组的应急处置措施 ··········· 64
　　第八节　恶劣天气下客运组织应急处置措施 ······························· 66
　　第九节　列车运行中遇有旅客因伤、病必须临时停车抢救时的应急处置措施 ··· 67
　　第十节　发现或接到客运站接触网断线报告时的应急处置措施 ········ 67
　　第十一节　动车组空调失效时的应急处置措施 ···························· 68
　　第十二节　动车组列车发生烟火报警时的应急处置措施 ················· 68
　　第十三节　客运办理站长时间滞留，遇紧急情况需临时开启车门时的
　　　　　　　应急处置措施 ··· 69
　　第十四节　高速铁路上列车碰撞异物时的应急处置措施 ················· 69

第六章　普速旅客列车非正常情况下的应急处置措施 ························· 72
　　第一节　旅客列车发生治安案件时的应急处置措施 ······················ 72
　　第二节　旅客列车上发现"三品"时的应急处置措施 ···················· 74
　　第三节　旅客列车关于事故急救组织的应急处置措施 ···················· 74
　　第四节　旅客列车取暖锅炉烧干锅时的应急处置措施 ···················· 75
　　第五节　旅客列车发生冻车时的应急处置措施 ···························· 76
　　第六节　旅客列车遇有旅客临产时的应急处置措施 ······················ 77
　　第七节　旅客列车遇有迂回运输时的应急处置措施 ······················ 77
　　第八节　旅客列车上发现患有传染性疾病旅客时的应急处置措施 ····· 78

第九节　旅客列车运行中发生机车制动机故障时的应急处置措施…………78
　　第十节　旅客列车运行途中因车辆故障甩车或车门故障不能关闭时的
　　　　　　应急处置措施…………………………………………………………79
　　第十一节　旅客列车在中间站变更到发线和无站台停车时的应急处置措施………81
　　第十二节　旅客列车夜间运行中突然停电时的应急处置措施……………………81
　　第十三节　旅客列车发现上访人员时的应急处置措施……………………………82
　　第十四节　发现神情、行为异常旅客时的应急处置措施…………………………83
　　第十五节　旅客列车突发事件临时停车时的应急处置措施………………………85
　　第十六节　旅客列车发生旅客因病死亡时的应急处置措施………………………86
　　第十七节　旅客列车发生旅客急病时的应急处置措施……………………………87
　　第十八节　旅客列车发生旅客食物中毒时的应急处置措施………………………88
　　第十九节　旅客列车发生旅客意外伤害时的应急处置措施………………………88
　　第二十节　旅客列车客流暴涨情况下的应急处置措施……………………………90
　　第二十一节　旅客列车广播设备途中故障的应急处置措施………………………90
　　第二十二节　旅客列车遇恶劣天气时的应急处置措施……………………………91
　　第二十三节　旅客列车空调发生故障时的应急处置措施…………………………93
　　第二十四节　旅客列车遇地震灾害时的应急处置措施……………………………95
　　第二十五节　旅客列车行车事故造成旅客伤亡时的应急处置措施………………97

第三部分　案例分析

第七章　旅客伤害、疾病和车内治安案件的突发事件……………………………………99
　　第一节　列车上发生神情、行为异常旅客事件……………………………………99
　　第二节　列车上发生旅客意外伤害事件……………………………………………99
　　第三节　列车上发生治安案件事件…………………………………………………100
　　第四节　动车组列车发生食物中毒事件……………………………………………101

第八章　运行变化的突发事件……………………………………………………………102
　　第一节　旅客跳车突发事件…………………………………………………………102
　　第二节　列车晚点突发事件…………………………………………………………102
　　第三节　动车组故障启用热备车体事件……………………………………………103

第九章　列车设备设施故障的突发事件…………………………………………………104
　　第一节　车门故障突发事件…………………………………………………………104
　　第二节　发生车厢停电（馈电）事件………………………………………………104
　　第三节　动车组列车空调故障事件…………………………………………………105

第十章　自然灾害和火灾爆炸的突发事件………………………………………………106
　　第一节　沿途发生树木倾倒侵限事件………………………………………………106

第二节　动车组列车发生感烟装置报警事件……………………………… 106

　第十一章　群体上访事件和社会反映问题的突发事件……………………… 108

第四部分　突发事件下客运记录 与铁路电报填写实例

　第十二章　旅客在列车上受到伤害填写实例………………………………… 109

　　第一节　列车上发生旅客烫伤时的应急处置……………………………… 109

　　第二节　列车上发生旅客挤手时的应急处置……………………………… 114

　　第三节　列车上发生天棚盖脱落砸伤旅客的应急处置…………………… 119

　　第四节　飞石击碎玻璃击伤旅客时的应急处置…………………………… 124

　　第五节　行李架物品掉落砸伤旅客时的应急处置………………………… 129

　　第六节　紧急制动撞伤旅客时的应急处置………………………………… 134

　　第七节　厕所手纸盒刮伤旅客时的应急处置……………………………… 139

　　第八节　无人护送的行为、神情异常旅客跳车时的应急处置…………… 144

课后复习题答案……………………………………………………………………… 148

引用法律法规………………………………………………………………………… 159

第一部分　乘务安全管理

第一章　国家法律法规

第一节　相关法律

一、中华人民共和国铁路法

《中华人民共和国铁路法》是为了保障铁路运输和铁路建设的顺利进行，适应社会主义现代化建设和人民生活的需要而制定的铁路基本法，分为总则、铁路运输营业、铁路建设、铁路安全与保护、法律责任和附则共六章七十四条。

《中华人民共和国铁路法》所称铁路包括国家铁路、地方铁路、专用铁路和铁路专用线。

国家铁路是指由国务院铁路主管部门管理的铁路。

地方铁路是指由地方人民政府管理的铁路。

专用铁路是指由企业或者其他单位管理，专为本企业或者本单位内部提供运输服务的铁路。

铁路专用线是指由企业或者其他单位管理的与国家铁路或者其他铁路线路接轨的岔线。

国务院铁路主管部门主管全国铁路工作，对国家铁路实行高度集中、统一指挥的运输管理体制，对地方铁路、专用铁路和铁路专用线进行指导、协调、监督和帮助。

国家铁路运输企业行使法律、行政法规授予的行政管理职能。

国家重点发展国家铁路，大力扶持地方铁路的发展。

铁路运输企业必须坚持社会主义经营方向和为人民服务的宗旨，改善经营管理，切实改进路风，提高运输服务质量。

公民有爱护铁路设施的义务。禁止任何人破坏铁路设施，扰乱铁路运输的正常秩序。

（一）铁路运输营业

1. 铁路运输合同的定义。

铁路运输合同是明确铁路运输企业与旅客、托运人之间权利义务关系的协议。

旅客车票、行李票、包裹票和货物运单是合同或者合同的组成部分。

2. 铁路运输企业对旅客乘车的相关规定。

（1）铁路运输企业应当保证旅客按车票载明的日期、车次乘车，并到达目的站。因铁路运输企业的责任造成旅客不能按车票载明的日期、车次乘车的，铁路运输企业应当按照旅客的要求，退还全部票款或者安排改乘到达相同目的站的其他列车。

（2）铁路运输企业应当采取有效措施做好旅客运输服务工作，做到文明礼貌、热情周到，保持车站和车厢内的清洁卫生，提供饮用开水，做好列车上的饮食供应工作。

铁路运输企业应当采取措施，防止对铁路沿线环境造成污染。

（3）旅客乘车应当持有效车票。对无票乘车或者持失效车票乘车的，应当补收票款，并按照规定加收票款；拒不交付的，铁路运输企业可以责令其下车。

3. 铁路运输企业对货物、包裹、行李运输的规定。

（1）国家铁路和地方铁路根据发展生产、搞活流通的原则，安排货物运输计划。对抢险救灾物资和国家规定需要优先运输的其他物资，应予优先运输。

地方铁路运输的物资需要经由国家铁路运输的，其运输计划应当纳入国家铁路的运输计划。

（2）铁路运输企业应当按照合同约定的期限或者国务院铁路主管部门规定的期限，将货物、包裹、行李运到目的站；逾期运到的，铁路运输企业应当支付违约金。

铁路运输企业逾期三十日仍未将货物、包裹、行李交付收货人或者旅客的，托运人、收货人或者旅客有权按货物、包裹、行李灭失向铁路运输企业要求赔偿。

（3）铁路运输企业应当对承运的货物、包裹、行李自接受承运时起到交付时止发生的灭失、短少、变质、污染或者损坏，承担赔偿责任：

① 托运人或者旅客根据自愿申请办理保价运输的，按照实际损失赔偿，但最高不超过保价额。

② 未按保价运输承运的，按照实际损失赔偿，但最高不超过国务院铁路主管部门规定的赔偿限额；如果损失是由于铁路运输企业的故意或者重大过失造成的，不适用赔偿限额的规定，按照实际损失赔偿。

托运人或者旅客根据自愿可以向保险公司办理货物运输保险，保险公司按照保险合同的约定承担赔偿责任。

托运人或者旅客根据自愿，可以办理保价运输，也可以办理货物运输保险；还可以既不办理保价运输，也不办理货物运输保险。不得以任何方式强迫托运人和旅客办理保价运输或者货物运输保险。

4. 由于下列原因造成的货物、包裹、行李损失的，铁路运输企业不承担赔偿责任：

（1）不可抗力。

（2）货物或者包裹、行李中的物品本身的自然属性，或者合理损耗。

（3）托运人、收货人或者旅客的过错。

5. 货物、包裹、行李到站后，收货人或者旅客应当按照国务院铁路主管部门规定的期限及时领取，并支付托运人未付或者少付的运费和其他费用；逾期领取的，收货人或者旅客应当按照规定交付保管费。

6. 自铁路运输企业发出领取货物通知之日起满三十日仍无人领取的货物，或者收货人书面通知铁路运输企业拒绝领取的货物，铁路运输企业应当通知托运人，托运人自接到通知之日起满三十日未作答复的，由铁路运输企业变卖；所得价款在扣除保管等费用后尚有余款的，应当退还托运人，无法退还、自变卖之日起一百八十日内托运人又未领回的，上缴国库。

7. 自铁路运输企业发出领取通知之日起满九十日仍无人领取的包裹或者到站后满九十日仍无人领取的行李，铁路运输企业应当公告，公告满九十日仍无人领取的，可以变卖；所得价款在扣除保管等费用后尚有余款的，托运人、收货人或者旅客可以自变卖之日起一百八十日内领回，逾期不领回的，上缴国库。

对危险物品和规定限制运输的物品，应当移交公安机关或者有关部门处理，不得自行变卖。

对不宜长期保存的物品，可以按照国务院铁路主管部门的规定缩短处理期限。

8. 其他规定。

（1）国家铁路、地方铁路参与国际联运，必须经国务院批准。

（2）铁路军事运输依照国家有关规定办理。

（3）发生铁路运输合同争议的，铁路运输企业和托运人、收货人或者旅客可以通过调解解决；不愿意调解解决或者调解不成的，可以依据合同中的仲裁条款或者事后达成的书面仲裁协议，向国家规定的仲裁机构申请仲裁。

当事人一方在规定的期限内不履行仲裁机构的仲裁决定的，另一方可以申请人民法院强制执行。

当事人没有在合同中订立仲裁条款，事后又没有达成书面仲裁协议的，可以向人民法院起诉。

（4）国家铁路的重要桥梁和隧道，由中国人民武装警察部队负责守卫。

（二）铁路建设

1. 铁路的标准轨距为 1 435 mm。新建国家铁路必须采用标准轨距。窄轨铁路的轨距为 762 mm 或者 1 000 mm。

新建和改建铁路的其他技术要求应当符合国家标准或者行业标准。

2. 铁路与道路交叉处，应当优先考虑设置立体交叉；未设立体交叉的，可以根据国家有关规定设置平交道口或者人行过道。在城市规划区内设置平交道口或者人行过道，由铁路运输企业或者建有专用铁路、铁路专用线的企业或者其他单位和城市规划主管部门共同决定。

3. 拆除已经设置的平交道口或者人行过道，由铁路运输企业或者建有专用铁路、铁路专用线的企业或者其他单位和当地人民政府商定。

4. 修建跨越河流的铁路桥梁，应当符合国家规定的防洪、通航和水流的要求。

（三）铁路安全与保护

1. 铁路运输企业必须加强对铁路的管理和保护，定期检查、维修铁路运输设施，保证铁路运输设施完好，保障旅客和货物运输安全。

2. 铁路公安机关和地方公安机关分工负责共同维护铁路治安秩序。车站和列车内的治安秩序，由铁路公安机关负责维护；铁路沿线的治安秩序，由地方公安机关和铁路公安机关共同负责维护，以地方公安机关为主。

3. 禁止擅自在铁路线路上铺设平交道口和人行过道。

平交道口和人行过道必须按照规定设置必要的标志和防护设施。

行人和车辆通过铁路平交道口和人行过道时，必须遵守有关通行的规定。

4. 运输危险品必须按照国务院铁路主管部门的规定办理，禁止以非危险品品名托运危险品。

禁止旅客携带危险品进站上车。铁路公安人员和国务院铁路主管部门规定的铁路职工有权对旅客携带的物品进行运输安全检查。实施运输安全检查的铁路职工应当佩戴执勤标志。

危险品的品名由国务院铁路主管部门规定并公布。

5. 对下列行为铁路职工有权制止：

（1）对损毁、移动铁路信号装置及其他行车设施或者在铁路线路上放置障碍物的，铁路职工有权制止，可以扭送公安机关处理。

（2）对偷乘货车、攀爬行进中的列车或者击打列车的，铁路职工有权制止。

（3）对在铁路线路上行走、坐卧的，铁路职工有权制止。

（4）对在铁路线路两侧二十米以内或者铁路防护林地内放牧的，铁路职工有权制止。

（5）对聚众拦截列车或者聚众冲击铁路行车调度机构的，铁路职工有权制止；不听制止的，公安人员现场负责人有权命令解散；拒不解散的，公安人员现场负责人有权依照国家有关规定决定采取必要手段强行驱散，并对拒不服从的人员强行带离现场或者予以拘留。

（6）对哄抢铁路运输物资的，铁路职工有权制止，可以扭送公安机关处理；现场公安人员可以予以拘留。

（7）在列车内寻衅滋事。扰乱公共秩序。危害旅客人身与财产安全的，铁路职工有权制止，铁路公安人员可以予以拘留。

（四）法律责任

1. 违反本法规定，携带危险品进站上车或者以非危险品品名托运危险品导致发生重大事故的，依照刑法有关规定追究刑事责任。企业事业单位、国家机关、社会团体违犯本条款的，处以罚金，对其主管人员和直接责任人员依法追究刑事责任。

携带炸药、雷管或者非法携带枪支子弹、管制刀具进站上车的，依照刑法有关规定追究刑事责任。

2. 故意损毁、移动铁路行车信号装置或者在铁路线路上放置足以使列车倾覆的障碍物的，依照刑法有关规定追究刑事责任。

3. 盗窃铁路线路上行车设施的零件、部件或者铁路线路上的器材而危及行车安全的，依照刑法有关规定追究刑事责任。

4. 聚众拦截列车、冲击铁路行车调度机构不听制止的，对首要分子和骨干分子依照刑法有关规定追究刑事责任。

5. 聚众哄抢铁路运输物资的，对首要分子和骨干分子依照刑法有关规定追究刑事责任。铁路职工与其他人员勾结犯前款罪的，从重处罚。

6. 在列车内抢劫旅客财物、伤害旅客的，依照刑法有关规定从重处罚。

7. 在列车内寻衅滋事、侮辱妇女且情节恶劣的，依照刑法有关规定追究刑事责任；敲诈勒索旅客财物的，依照刑法有关规定追究刑事责任。

8. 倒卖旅客车票构成犯罪的，依照刑法有关规定追究刑事责任。铁路职工倒卖旅客车票或者与其他人员勾结倒卖旅客车票的，依照刑法有关规定追究刑事责任。

9. 违反本法规定，尚不够刑事处罚，应当给予治安管理处罚的，依照治安管理处罚法的规定处罚。

10. 擅自在铁路线路上铺设平交道口、人行过道的，由铁路公安机关或者地方公安机关责令限期拆除，可以并处罚款。

11. 铁路运输企业违反本法规定，多收运费、票款或者旅客、货物运输杂费的，必须将多收的费用退还付款人，无法退还的上缴国库。将多收的费用据为己有或者侵吞私分的，依照刑法有关规定追究刑事责任。

12. 铁路职工利用职务之便走私，或者与其他人员勾结走私的，依照刑法有关规定追究刑事责任。

13. 铁路职工玩忽职守、违反规章制度造成铁路运营事故的，滥用职权、利用办理运输业务之便谋取私利的，给予行政处分；情节严重、构成犯罪的，依照刑法有关规定追究刑事责任。

二、中华人民共和国安全生产法

《中华人民共和国安全生产法》是我国第一部关于安全生产领域的综合法律，是安全生产的基本法。《中华人民共和国安全生产法》的颁布实施，对保证我国的安全生产，防止重、特大事故的发生，保护从业人员的安全和健康，促进国民经济健康、稳步和持续发展提供了法律保证，具有十分重要的意义。《中华人民共和国安全生产法》规定的一系列基本原则和制度，也是铁路运输生产活动必须遵循的。

《中华人民共和国安全生产法》分为总则、生产经营单位的安全生产保障、从业人员的权利和义务、安全生产的监和管理、生产安全事故的应急救援与调查处理、法律责任和附则共七章一百一十四条。

（一）安全生产方针

安全生产方针是指党和国家对安全生产工作总的要求，我国现行的安全生产方针是"以人为本，坚持安全发展，坚持安全第一、预防为主、综合治理"的方针，坚持强化和落实生产经营单位负责，建立生产经营单位负责、职工参与、政府监管、行业自律和社会监督的机制。

"安全第一"就是在生产经营活动中，在处理保证安全与生产经营活动的关系上，要始终把安全放在首要位置，优先考虑从业人员和其他人员的人身安全，实行"安全优先"的原则。在确保安全的前提下，努力实现生产经营的其他目标。

"预防为主"就是按照系统化、科学化的管理思想，按照事故发生的规律和特点，千方百计预防事故发生，做到防患于未然，将事故消灭在萌芽状态。

"综合治理"就是综合运用经济、法律和行政手段，人管、法治和技防多管齐下，并充分发挥社会、职工和舆论的监督作用，解决安全生产领域的问题。

"安全第一、预防为主、综合治理"的安全生产方针是一个有机的统一体，"安全第一"是"预防为主、综合治理"的统帅与灵魂，没有"安全第一"的思想，"预防为主"就失去了思想支撑，"综合治理"就失去了整治的依据。"预防为主"是实现"安全第一"的根本途径，只有把安全生产的重点放在建立事故隐患预防的体系上，超前防范，才能有效减少事故损失，实现"安全第一"。"综合治理"是落实"安全第一、预防为主"的手段和方法，只有不断健全和完善"综合治理"的工作机制，才能有效贯彻安全生产方针，真正把"安全第一、预防为主"落到实处，不断开创安全生产工作的新局面。

（二）从业人员的安全生产权利义务

1. 生产经营单位与从业人员订立的劳动合同，应当载明有关保障从业人员劳动安全、防止职业危害的事项，以及依法为从业人员办理工伤保险的事项。

生产经营单位不得以任何形式与从业人员订立协议，免除或者减轻其对从业人员因生产安全事故伤亡依法应承担的责任。

2. 生产经营单位的从业人员有权了解其作业场所和工作岗位存在的危险因素、防范措施及事故应急措施，有权对本单位的安全生产工作提出建议。

3. 从业人员有权对本单位安全生产工作中存在的问题提出批评、检举、控告；有权拒绝违章指挥和强令冒险作业。

生产经营单位不得因从业人员对本单位安全生产工作提出批评、检举、控告或者拒绝违章指挥、强令冒险作业而降低其工资、福利等待遇或者解除与其订立的劳动合同。

4. 从业人员发现直接危及人身安全的紧急情况时，有权停止作业或者在采取可能的应急措施后撤离作业场所。

生产经营单位不得因从业人员在前款紧急情况下停止作业或者采取紧急撤离措施而降低其工资、福利等待遇或者解除与其订立的劳动合同。

5. 因生产安全事故受到损害的从业人员，除依法享有工伤保险外，依照有关民事法律尚有获得赔偿的权利的，有权向本单位提出赔偿要求。

6. 从业人员在作业过程中，应当严格遵守本单位的安全生产规章制度和操作规程，服从管理，正确佩戴和使用劳动防护用品。

7. 从业人员应当接受安全生产教育和培训，掌握本职工作所需的安全生产知识，提高安全生产技能，增强事故预防和应急处理能力。

8. 从业人员发现事故隐患或者其他不安全因素，应当立即向现场安全生产管理人员或者本单位负责人报告；接到报告的人员应当及时予以处理。

9. 工会有权对建设项目的安全设施与主体工程同时设计、同时施工、同时投入生产和使用进行监督，提出意见。

工会对生产经营单位违反安全生产法律、法规，侵犯从业人员合法权益的行为，有权要求纠正；发现生产经营单位违章指挥、强令冒险作业或者发现事故隐患时，有权提出解决的建议，生产经营单位应当及时研究答复；发现危及从业人员生命安全的情况时，有权向生产经营单位建议组织从业人员撤离危险场所，生产经营单位必须立即做出处理。

工会有权依法参加事故调查，向有关部门提出处理意见，并要求追究有关人员的责任。

10. 生产经营单位使用被派遣劳动者的，被派遣劳动者享有本法规定的从业人员的权利，并应当履行本法规定的从业人员的义务。

课后复习题

一、填空题

1. 国家铁路是指由（　　）的铁路。
2. 地方铁路是指由（　　）管理的铁路。
3. 铁路专用线是指由企业或者其他单位管理的与（　　）或者（　　）接轨的岔线。
4. 国务院铁路主管部门主管（　　）工作，对国家铁路实行（　　）、（　　）的运输管理体制，对（　　）和铁路专用线进行指导、协调、监督和帮助。
5. 铁路运输企业必须坚持（　　）的宗旨，改善（　　），切实改进（　　），提高运输服务质量。
6. 铁路运输企业应当采取有效措施做好（　　），做到（　　），保持（　　）内的清洁卫生，提供（　　），做好列车上的（　　）工作。
7. 旅客乘车应当持有效车票。对无票乘车或者持失效车票乘车的，应当（　　），并按照规定（　　）；拒不交付的，铁路运输企业可以（　　）。
8. 国家铁路和地方铁路根据（　　）的原则，安排货物运输计划。
9. 对不宜长期保存的物品，可以按照（　　）部门的规定缩短处理期限。
10. 发生铁路运输合同争议的，（　　）和托运人、收货人或者旅客可以通过（　　）解决；不愿意调解解决或者调解不成的，可以依据合同中的仲裁条款或者事后达成的书面仲裁协议，向国家规定的（　　）申请仲裁。

二、判断题（对的打"√"，错的打"×"）

1. 铁路专用线是指由企业或者其他单位管理，专为本企业或者本单位内部提供运输服务的铁路。（　　）
2. 国家重点发展国家铁路，大力扶持地方铁路的发展。（　　）

3. 公民有爱护铁路设施的义务。禁止任何人破坏铁路设施，扰乱铁路运输的正常秩序。（   ）

4. 铁路运输企业应当尽力防止对铁路沿线环境的污染。（   ）

5. 铁路运输企业应当按照合同约定的期限或者国务院铁路主管部门规定的期限，将货物、包裹、行李运到目的站；逾期运到的，铁路运输企业应当支付保证金。（   ）

6. 对危险物品和规定限制运输的物品，应当移交铁路部门或者有关部门处理，不得自行变卖。（   ）

7. 国家铁路、地方铁路参加国际联运，必须经国务院批准。（   ）

8. 国家铁路的重要桥梁和隧道，由中国人民武装警察部队负责守卫。（   ）

三、单项选择题

1. 《中华人民共和国铁路法》所称铁路，包括（   ）。
   A. 国家铁路、地方铁路、专用铁路和铁路专用线
   B. 国家铁路、合资铁路、专用铁路和铁路专用线
   C. 国家铁路、地方铁路、合资铁路和铁路专用线
   D. 国家铁路、地方铁路、专用铁路和合资铁路

2. （   ）是明确铁路运输企业与旅客、托运人之间权利义务关系的协议。
   A. 铁路旅客运输合同
   B. 铁路行李、包裹运输合同
   C. 铁路货物运输合同
   D. 铁路运输合同

3. （   ）是合同或者合同的组成部分。
   A. 旅客车票
   B. 行李票
   C. 包裹票和货物运单
   D. 旅客车票、行李票、包裹票和货物运单

4. 铁路运输企业逾期（   ）仍未将货物、包裹、行李交付收货人或者旅客的，托运人、收货人或者旅客有权按货物、包裹、行李灭失向铁路运输企业要求赔偿。
   A. 十日　　　　B. 二十日　　　　C. 三十日　　　　D. 四十日

5. 铁路军事运输依照（   ）办理。
   A. 铁路部门
   B. 国家有关规定
   C. 国家部门
   D. 军事部门

6. 铁路的标准轨距为（   ）。新建国家铁路必须采用标准轨距。
   A. 1 435 mm　　　　B. 1 453 mm　　　　C. 1 430 mm　　　　D. 1 450 mm

7. 窄轨铁路的轨距为（　　）。
   A. 762 mm 或者 800 mm　　　　　　　　B. 762 mm 或者 900 mm
   C. 762 mm 或者 1 000 mm　　　　　　　D. 762 mm 或者 1 00 mm
8. 危险品的品名由（　　）规定并公布。
   A. 公安部门　　B. 铁路部门　　C. 铁路运输企业　　D. 国务院铁路主管部门

四、简答题

1. 《中华人民共和国铁路法》所称铁路包括哪些？具体内容是什么？
2. 什么是铁路运输合同？
3. 什么是合同或者合同的组成部分？
4. 哪些原因造成的货物、包裹、行李损失，铁路运输企业不承担赔偿责任？
5. 铁路运输企业对旅客乘车的相关规定有哪些？

第二节　相关法规

为保证铁路运输安全，确保旅客列车的绝对安全，主要相关法规有《铁路安全管理条例》《铁路旅客人身伤害及自带行李损失应急处置暂行办法》《铁路交通应急救援和调查处理条例》等。

一、铁路安全管理条例

为了加强铁路安全管理，保障铁路运输安全和畅通，保护人身安全和财产安全。制定《铁路安全管理条例》（中华人民共和国国务院令第 639 号），2013 年 7 月 24 日由国务院第 18 次常务会议通过，自 2014 年 1 月 1 日起施行。分为总则、铁路建设质量安全、铁路专用设备质量安全、铁路线路安全、铁路运营安全、监督检查、法律责任和附则八章共一百零八条。

（一）铁路安全管理方针

铁路安全管理坚持安全第一、预防为主、综合治理的方针。

（二）铁路线路安全

1. 铁路线路两侧应当设立铁路线路安全保护区。铁路线路安全保护区的范围，从铁路线路路堤坡脚、路堑坡顶或者铁路桥梁（含铁路、道路两用桥，下同）外侧起向外的距离分别为：

（1）城市市区高速铁路为 10 m，其他铁路为 8 m。
（2）城市郊区居民居住区高速铁路为 12 m，其他铁路为 10 m。
（3）村镇居民居住区高速铁路为 15 m，其他铁路为 12 m。
（4）其他地区高速铁路为 20 m，其他铁路为 15 m。

2. 设计开行时速 120 km 以上列车的铁路应当实行全封闭管理。铁路建设单位或者铁路运输企业应当按照国务院铁路行业监督管理部门的规定在铁路用地范围内设置封闭设施和警示标志。

3. 禁止在铁路线路安全保护区内烧荒、放养牲畜、种植影响铁路线路安全和行车瞭望的树木等植物。

4. 禁止向铁路线路安全保护区排污、倾倒垃圾以及其他危害铁路安全的物质。

5. 高速铁路线路路堤坡脚、路堑坡顶或者铁路桥梁外侧起向外各 200 m 范围内禁止抽取地下水。

6. 任何单位和个人不得擅自在铁路桥梁跨越处河道上下游各 1 000 m 范围内围垦造田、拦河筑坝、架设浮桥或者修建其他影响铁路桥梁安全的设施。

7. 铁路的重要桥梁和隧道按照国家有关规定由中国人民武装警察部队负责守卫。

8. 船舶通过铁路桥梁应当符合桥梁的通航净空高度并遵守航行规则。

9. 禁止实施下列危害电气化铁路设施的行为：

（1）向电气化铁路接触网抛掷物品。

（2）在铁路电力线路导线两侧各 500 m 的范围内升放风筝、气球等低空漂浮物体。

（3）攀登铁路电力线路杆塔或者在杆塔上架设、安装其他设施设备。

（4）在铁路电力线路杆塔、拉线周围 20 m 范围内取土、打桩、钻探或者倾倒有害化学物品。

（5）触碰电气化铁路接触网。

（三）铁路运营安全

1. 在法定假日和传统节日等铁路运输高峰期或者恶劣气象条件下，铁路运输企业应当采取必要的安全应急管理措施，加强铁路运输安全检查，确保运输安全。

2. 铁路运输企业应当在列车、车站等场所公告旅客、列车工作人员以及其他进站人员遵守的安全管理规定。

3. 公安机关应当按照职责分工，维护车站、列车等铁路场所和铁路沿线的治安秩序。

4. 铁路运输企业应当按照国务院铁路行业监督管理部门的规定实施火车票实名购买、查验制度。

实施火车票实名购买、查验制度的，旅客应当凭有效身份证件购票乘车；对车票所记载身份信息与所持身份证件或者真实身份不符的持票人，铁路运输企业有权拒绝其进站乘车。

铁路运输企业应当采取有效措施为旅客实名购票、乘车提供便利，并加强对旅客身份信息的保护。铁路运输企业工作人员不得窃取、泄露旅客身份信息。

5. 禁止实施下列危害铁路安全的行为：

（1）非法拦截列车、阻断铁路运输。

（2）扰乱铁路运输指挥调度机构以及车站、列车的正常秩序。

（3）在铁路线路上放置、遗弃障碍物。

（4）击打列车。

（5）擅自移动铁路线路上的机车车辆，或者擅自开启列车车门、违规操纵列车紧急制动设备。

（6）拆盗、损毁或者擅自移动铁路设施设备、机车车辆配件、标桩、防护设施和安全标志。

（7）在铁路线路上行走、坐卧或者在未设道口、人行过道的铁路线路上通过。

（8）擅自进入铁路线路封闭区域或者在未设置行人通道的铁路桥梁、隧道通行。

（9）擅自开启、关闭列车的货车阀、盖或者破坏施封状态。

（10）擅自开启列车中的集装箱箱门，破坏箱体、阀、盖或者施封状态。

（11）擅自松动、拆解、移动列车中的货物装载加固材料、装置和设备。

（12）钻车、扒车、跳车。

（13）从列车上抛扔杂物。

（14）在动车组列车上吸烟或者在其他列车的禁烟区域吸烟。

（15）强行登乘或者以拒绝下车等方式强占列车。

（16）冲击、堵塞、占用进出站通道或者候车区、站台。

二、铁路旅客人身伤害及携带品损失处理暂行办法

为依法妥善处理铁路旅客人身伤害及携带品损失，维护旅客合法权益，制定《铁路旅客人身伤害及携带品损失处理暂行办法》（铁运〔2012〕319号），本办法适用于中华人民共和国境内铁路旅客运输过程中发生的旅客人身伤害及携带品损失处理。处理旅客人身伤害或携带品损失时，应当坚持实事求是、依法依规、就近及时的原则。

（一）现场处置与报告

1. 列车、车站发生旅客人身伤害时，站车工作人员应当到场查看旅客伤害情况，报告列车长、站长组织救护，稳定人员情绪，维护现场秩序。

2. 因旅客伤害需交车站处理时，应移交前方县、市所在地车站或者当地具备公共医疗条件的停车站；需要提前报告运行所在铁路局客运调度时，由客运调度通知车站做好救护准备工作。

3. 旅客不同意在前款规定的停车站下车处理时，应当由旅客出具拒绝下车治疗的书面声明，并按照本办法规定收集两份及以上证人证言。

4. 列车因旅客伤害严重需紧急停车处理或发生3人以上疑似食物中毒的，应立即报告运行所在铁路局客运调度。接到报告后，客运调度应当立即根据列车长提出的要求，通知有关车站及值班主任（列车调度员），需要停车处理的停车处理，并报告本铁路局客运处。

5. 列车发现旅客在区间坠车时应当立即停车按照规定进行处理，并通知就近车站或将受伤旅客移交就近车站。需要防护时，按有关规定处理。

6. 不具备停车条件或者迟延发现的，列车长应当报告运行所在铁路局客运调度，客运调度员接到报告后立即通知值班主任，值班主任通知相关列车调度员和铁路公安局指挥中心，由列车调度员和铁路公安局指挥中心分别通知邻近车站及车站铁路公安派出所派人寻找。列车运行至前方停车站时，列车长应拍发电报，向发生地和列车担当铁路局主管部门报告。

7. 车站对本站发生的及列车移交的伤害旅客，应当及时联系当地医疗急救机构或送就近医院抢救。

8. 发生医疗费用时，应当根据对责任的初步判断，属于旅客自身责任或第三人责任的，由旅客或第三人支付医疗费用。

暂不能区分责任或者责任人不明、无力承担的，经处理站站长或者车务段段长批准，可用站进款垫付。

动用站进款时，填写或补填"运输进款动支凭证"（财收－29），10日内由核算站或车务段财务拨款归还。

9. 受伤旅客经现场抢救无效死亡，或对站内、区间发现的旅客尸体，经医疗部门或公安机关确认死亡，公安机关现场勘查结束后，车站应当转送殡仪馆存放（在此之前，车站应将尸体转移至适当地点并派人看守），并尽快通知其家属。尸体存放原则上不超过10日。

死者身份不清且在地（市）级以上报纸刊登寻人启事后10日仍无人认领的，应当根据铁路公安机关书面意见处理尸体；系不法侵害所致的，应当根据铁路公安机关书面意见并商死者家属意见处理尸体。

对死者的车票、衣物、随身携带物品等应当妥善保管，并于善后处理时一并转交其继承人；死者身份不明或者家属拒绝到站处理的，按无法交付的物品处理。

外国人在铁路站车死亡的按照《关于转发〈民政部、外交部、公安部关于外国人在华死亡后处理程序有关问题的实施意见〉的通知》（公法〔2008〕25号）处理。

10. 发生旅客人身伤害、需要保护现场时，应当及时采取措施保护现场，禁止与救援、调查无关的人员进入。必要时，可请求地方政府协助。

11. 发生旅客人身伤害后，列车长、站长应当及时组织现场查验，全面搜集、梳理相关证据资料，检查旅客所持车票的票种、票号、发到站、车次、有效期及有效身份证件信息等，描绘现场旅客定位图，收集不少于两份同行人或见证人的证言及查验记录、现场照片、录像等其他相关证据，形成比较完整的证据链，能够证明发生的过程和原因，初步明确性质，并妥善保管。

旅客或第三人能够说明事件发生经过或责任的，应当由其出具书面材料，并签字确认。

涉及违法犯罪或者旅客死亡的，由铁路公安机关组织现场勘查。

证人应当具有完全民事行为能力。证人证言中应当记录证人的姓名、性别、年龄、地址、联系方式、有效身份证件信息等内容。有医务工作人员参加救治时，应当由其出具参与救治经过的证言。

证言、证据应当真实，能够反映发生的时间、地点、过程、原因和结果。

12. 列车向车站移交伤害旅客时，车站不得拒绝接收。

办理移交手续时，列车应当编制客运记录和旅客携带物品清单一式两份，一份由列车存查，一份连同车票、证明材料、相关证人或其联系方式等一并移交。客运记录应载明日期、车次，旅客姓名、性别、年龄、国籍、民族、职业、单位、有效身份证件号码、联系方式、住址，车票种类、号码、发站、到站、车厢、席位，受伤地点、受伤原因、受伤部位、处理简况，以及证据材料清单等内容。因时间来不及记明前述内容时，可在客运记录中简要记明日期、车次、下交原因，并必须在3日内向处理单位补交有关材料。特殊情况来不及编制客运记录时，列车长或其指定的专人应随同伤害旅客下车办理交接。涉及第三人时，应将第三人同时交站处理。

对已经控制的违法、犯罪嫌疑人，应当及时移交车站铁路公安派出所。

13. 列车发现精神异常旅客时，应重点关注，并按规定交到站或下车站妥善处理。列车运行途中，旅客有同行成年人的，应要求其同行成年人看护；无同行成年人时，应指派专人看护。必要时，可安排在适当位置看护。

车站发现进站乘车的旅客精神异常时，可不予其进站乘车，并为其办理退票手续。

14. 旅客在法定时限内索赔且能够证明伤害是在铁路旅客运输过程中发生的，受理单位应及时通知发生单位，并本着方便旅客的原则，移交旅客就医所在地车站或旅客发、到站处理，被移交站应当受理。发生单位应当在10日内搜集并向处理单位移交相关证据材料。

15. 在站内或区间线路上发现有坠车旅客时，发现或接到通知的车站应当迅速通报有关列车。有关列车接到通报后，应当立即调查。

发生列车应当按照规定收集相关证据材料或旅客携带物品，并向处理单位移交。

16. 对下列情形造成的旅客人身伤害应当立即向铁路公安机关报警：

（1）杀人、抢劫、抢夺、强奸、爆炸、纵火、绑架、结伙斗殴、寻衅滋事、故意伤害、击打列车、故意损毁、移动站车设备等违法犯罪行为。

（2）因散布谣言、谎报险情、疫情、警情、扬言放火、爆炸、投放危险物质或者非法阻拦行车、堵塞通道等，引起公共秩序混乱。

（3）火灾、爆炸、中毒等治安灾害事故。

（4）精神病人肇事肇祸，醉酒滋事行为。

（5）自然灾害。

（6）铁路设备、设施故障造成的事故。

17. 发生旅客人身伤害及携带品损失且有下列情形之一的，应当及时通知铁路公安机关：

（1）应当控制、约束违法犯罪嫌疑人和扣押相关涉案物品的。

（2）应当保护现场、维持秩序、协同救助的。

（3）应当由铁路公安机关介入调查、获取证据、查明原因的。

（4）引发治安纠纷或者酿成群体性事件并影响站车秩序，应当及时处置的。

（5）造成旅客死亡的。

18. 车站、列车发生旅客人身伤害时，可用电话向所在单位或上级主管部门报告概况；

但发生重伤以上旅客人身伤害时，应在第一时间以短信方式向所属铁路局主管部门报告，随后向有关铁路局主管部门拍发速报，并逐级向上级主管部门和宣传部门报告。

报告（含速报）内容主要包括：

（1）发生日期、时间、车次、地点、车站、区间里程。

（2）伤亡旅客的姓名、性别、年龄、国籍、民族、职业、单位、有效身份证件号码、联系方式、住址以及车票种类、号码、发站、到站、车厢、席位等基本情况。

（3）发生经过、旅客伤亡及现场处理简况。

（二）善后处理

1. 发生旅客人身伤害后，发生地车站（车务段）或处理站（车务段）应当组织发生单位、车站铁路公安派出所及相关单位成立善后处理工作组（以下简称工作组）。必要时，由发生地或处理站所在地铁路局组织。

发生旅客轻伤且经旅客或第三人同意现场调解、责任明确的，可由车站会同铁路公安派出所、发生单位、旅客、第三人等共同进行现场处理。

2. 工作组负责如下工作：

（1）办理受伤旅客就医、食宿等事宜。

（2）收集相关资料，建立案卷。案卷中应有：客运记录、证人证言、车票、医院证明、现场照片或图示、寻人启事及铁路公安机关处理尸体意见等材料；铁路公安机关制作有现场勘验笔录、法医鉴定结论的，在不影响案件办理的情况下，可以收集存入案卷。

（3）核查伤亡旅客身份，通知其家属或发布寻人启事。

（4）处理旅客遗留物品或死亡旅客遗体。

（5）向旅客或其继承人、代理人通报有关情况，协商处理善后事宜。

3. 受伤旅客临床治疗结束或死亡旅客遗体处理完毕，工作组应当根据铁路安全监督管理办公室对责任确定情况，核实各项费用及授权委托书、亲属关系证明等有关证明后，涉及铁路运输企业责任的，尽快按有关法律规定与旅客或其继承人、代理人协商办理赔付。

医疗费用应根据实际产生或后续治疗需要，凭治疗医院单据或建议核定。旅客需转院治疗时，应与处理单位协商一致，并经治疗医院同意。

残疾赔偿金应根据有关鉴定机构出具的旅客人体损伤残疾程度鉴定意见，或者根据旅客受伤程度，比照有关人体损伤残疾程度鉴定标准所对应的残疾等级，按照有关标准计算。

办理赔付时，编制"铁路旅客人身伤害及携带品损失最终处理协议书"，经各方确认、签字或加盖处理单位公章后，将赔偿金依据法定顺位支付给旅客或其继承人、代理人，旅客或其继承人、代理人出具收据交处理单位。

4. 根据责任确定情况，处理旅客人身伤害所发生的赔偿金及其他费用，由责任单位承担；无法确定责任单位的，由发生单位承担。

5. 需向责任单位或发生单位转账时，由处理单位所属铁路局财务部门开具"转账通知书"（会凭7），连同"铁路旅客人身伤害及携带品损失最终处理协议书"转送责任单位或发生单位所属铁路局财务部门。

责任单位或发生单位所属铁路局财务部门应当在收到"转账通知书"等材料次日起30日内将费用转拨至处理单位所属铁路局；超过30日的，每超过1日，按应付费用的0.5%支付滞纳金。

6. 旅客人身伤害是旅客自身原因或第三方造成时，铁路运输企业在垫付相关费用后，可向旅客或第三方追偿。

（三）调查报告与统计

1. 旅客人身伤害处理完毕后，处理单位和发生单位应在3日内逐级向所属铁路局客运主管部门报送"调查处理报告"。

2. 铁路局应当在每月20日前汇总本局上月处理的旅客人身伤害情况，按要求填写"铁路旅客人身伤害统计表"和"安全情况报告"，报中国铁路总公司运输局。

3. 案卷一案一卷，由处理单位保管，保存期为5年。

（四）铁路运输企业责任中客运部门责任

铁路运输企业责任中客运部门责任分为车站责任和列车责任。

1. 遇下列情形之一的，车站应当承担相关责任：

（1）旅客持票进站后或下车后出站前，因车站组织不当造成人身伤害的。

（2）车站引导标志缺失或不准确，误导旅客造成其人身伤害的。

（3）车站设施设备不良造成旅客人身伤害的。

（4）车站在停止检票后继续检票放行或检票放行时间不足，致使旅客抢上列车造成人身伤害的。

（5）车站组织不当造成旅客上车时发生人身伤害的。

（6）因车站客运工作人员违章作业、过失造成旅客人身伤害的。

（7）有理由认定属于车站责任的。

2. 遇下列情形之一的，列车应当承担相关责任：

（1）车门漏锁致旅客坠车造成人身伤害的。

（2）列车工作人员过错致旅客误下车、背门下车、在不办理乘降的车站（包括区间停车）下车、列车运行中开启车门造成人身伤害的。

（3）列车组织不当或列车工作人员违反作业标准，致旅客乘降时造成人身伤害的。

（4）列车客运工作人员对设备管理不善造成旅客人身伤害的。

（5）列车客运工作人员违章作业、过失造成旅客人身伤害的。

（6）有理由认定属于列车责任的。

三、铁路交通事故应急救援和调查处理条例

为了加强铁路交通事故的应急救援工作，规范铁路交通事故调查处理，减少人员伤亡和财产损失，保障铁路运输安全和畅通，根据《中华人民共和国铁路法》和其他有关

法律的规定,国务院制定了《铁路交通事故应急救援和调查处理条例》(国务院令501号)。

（一）铁路交通事故的定义

铁路交通事故是指铁路机车车辆在运行过程中与行人、机动车、非机动车、牲畜及其他障碍物相撞,或者铁路机车车辆发生冲突、脱轨、火灾、爆炸等影响铁路正常行车的铁路交通事故。

（二）铁路交通事故等级

事故等级是反映事故严重程度的指标,事故等级越高,事故就越严重,国务院制定了《铁路交通事故应急救援和调查处理条例》(国务院令501号)规定的事故等级与《生产安全事故调查处理条例》(国务院令493号)规定的事故等级相同。国务院制定了《铁路交通事故应急救援和调查处理条例》(国务院令501号)第8条根据事故造成的人员伤亡、直接经济损失、列车脱轨辆数、中断铁路行车时间等情形,事故等级分为特别重大事故、重大事故、较大事故和一般事故。

1. 有下列情形之一的,为特别重大事故:

（1）造成30人以上死亡,或者100人以上重伤（包括急性工业中毒,下同）,或者1亿元以上直接经济损失的。

（2）繁忙干线客运列车脱轨18辆以上并中断铁路行车48小时以上的。

（3）繁忙干线货运列车脱轨60辆以上并中断铁路行车48小时以上的。

2. 有下列情形之一的,为重大事故:

（1）造成10人以上30人以下死亡,或者50人以上100人以下重伤,或者5 000万元以上1亿元以下直接经济损失的。

（2）客运列车脱轨18辆以上的。

（3）货运列车脱轨60辆以上的。

（4）客运列车脱轨2辆以上18辆以下,并中断繁忙干线铁路行车24小时以上或者中断其他线路铁路行车48小时以上的。

（5）货运列车脱轨6辆以上60辆以下,并中断繁忙干线铁路行车24小时以上或者中断其他线路铁路行车48小时以上的。

3. 有下列情形之一的,为较大事故:

（1）造成3人以上10人以下死亡,或者10人以上50人以下重伤,或者1 000万元以上5 000万元以下直接经济损失的。

（2）客运列车脱轨2辆以上18辆以下的。

（3）货运列车脱轨6辆以上60辆以下的。

（4）中断繁忙干线铁路行车6小时以上的。

（5）中断其他线路铁路行车10小时以上的。

4. 造成3人以下死亡,或者10人以下重伤,或者1 000万元以下直接经济损失的,为一般事故。

（三）铁路交通事故报告

1. 事故发生后，事故现场的铁路运输企业工作人员或者其他人员应当立即报告邻近铁路车站、列车调度员或者公安机关。有关单位和人员接到报告后，应当立即将事故情况报告事故发生地铁路管理机构。

2. 铁路管理机构接到事故报告，应当尽快核实有关情况，并立即报告国务院铁路主管部门；对特别重大事故、重大事故，国务院铁路主管部门应当立即报告国务院并通报国家安全生产监督管理等有关部门。

3. 发生特别重大事故、重大事故、较大事故或者有人员伤亡的一般事故，铁路管理机构还应当通报事故发生地县级以上地方人民政府及其安全生产监督管理部门。

4. 事故报告应当包括下列内容：

（1）事故发生的时间、地点、区间（线名、公里、米）、事故相关单位和人员。

（2）发生事故的列车种类、车次、部位、计长、机车型号、牵引辆数、吨数。

（3）承运旅客人数或者货物品名、装载情况。

（4）人员伤亡情况，机车车辆、线路设施、道路车辆的损坏情况，对铁路行车的影响情况。

（5）事故原因的初步判断。

（6）事故发生后采取的措施及事故控制情况。

（7）具体救援请求。

事故报告后出现新情况的，应当及时补报。

5. 国务院铁路主管部门、铁路管理机构和铁路运输企业应当向社会公布事故报告值班电话，受理事故报告和举报。

（四）事故调查处理

1. 特别重大事故由国务院或者国务院授权的部门组织事故调查组进行调查；重大事故由国务院铁路主管部门组织事故调查组进行调查；较大事故和一般事故由事故发生地铁路管理机构组织事故调查组进行调查；国务院铁路主管部门认为必要时，可以组织事故调查组对较大事故和一般事故进行调查。

2. 根据事故的具体情况，事故调查组由有关人民政府、公安机关、安全生产监督管理部门、监察机关等单位派人组成，并应当邀请人民检察院派人参加。事故调查组认为必要时，可以聘请有关专家参与事故调查。

3. 事故调查组应当按照国家有关规定开展事故调查，并在下列调查期限内向组织事故调查组的机关或者铁路管理机构提交事故调查报告：

（1）特别重大事故的调查期限为60日。

（2）重大事故的调查期限为30日。

（3）较大事故的调查期限为20日。

（4）一般事故的调查期限为10日。

事故调查期限自事故发生之日起计算。

（五）法律责任

1. 铁路运输企业及其职工违反法律、行政法规的规定，造成事故的，由国务院铁路主管部门或者铁路管理机构依法追究行政责任。

2. 违反本条例的规定，铁路运输企业及其职工不立即组织救援，或者迟报、漏报、瞒报、谎报事故的，对单位，由国务院铁路主管部门或者铁路管理机构处10万元以上50万元以下的罚款；对个人，由国务院铁路主管部门或者铁路管理机构处4 000元以上2万元以下的罚款；属于国家工作人员的，依法给予处分；构成犯罪的，依法追究刑事责任。

3. 违反本条例的规定，国务院铁路主管部门、铁路管理机构以及其他行政机关未立即启动应急预案，或者迟报、漏报、瞒报、谎报事故的，对直接负责的主管人员和其他直接责任人员依法给予处分；构成犯罪的，依法追究刑事责任。

4. 违反本条例的规定，干扰、阻碍事故救援、铁路线路开通、列车运行和事故调查处理的，对单位，由国务院铁路主管部门或者铁路管理机构处4万元以上20万元以下的罚款；对个人，由国务院铁路主管部门或者铁路管理机构处2 000元以上1万元以下的罚款；情节严重的，对单位，由国务院铁路主管部门或者铁路管理机构处20万元以上100万元以下的罚款；对个人，由国务院铁路主管部门或者铁路管理机构处1万元以上5万元以下的罚款；属于国家工作人员的，依法给予处分；构成违反治安管理行为的，由公安机关依法给予治安管理处罚；构成犯罪的，依法追究刑事责任。

课后复习题

一、填空题

1. 铁路安全管理坚持（　　），综合治理的方针。
2. 列车、车站发生旅客人身伤害时，（　　）应当到场查看旅客伤害情况，报告（　　）组织救护，稳定人员情绪，维护（　　）。
3. 因旅客伤害需交车站处理时，应移交（　　）或者当地具备（　　）的停车站。
4. 列车发现精神异常旅客时，应（　　），并按规定交（　　）妥善处理。
5. 车站、列车发生旅客人身伤害时，可用（　　）向所在单位或上级主管部门报告概况；但发生重伤以上旅客人身伤害时，应在（　　）以短信方式向（　　）报告，随后向有关铁路局主管部门拍发（　　），并逐级向（　　）报告。
6. 铁路交通事故是指铁路机车车辆在运行过程中与（　　）及其他障碍物相撞，或者铁路机车车辆发生（　　）等影响铁路正常行车的铁路交通事故。
7. 客运列车脱轨（　　）以下，并中断繁忙干线铁路行车（　　）以上或者中断其他线路铁路行车（　　）以上的为重大事故。
8. 造成（　　）以下死亡，或者（　　）以下重伤，或者（　　）以下直接经济损失的，为一般事故。

9. 重大事故的调查期限为（   ）。

10. 铁路运输企业及其职工违反法律、行政法规的规定，造成事故的，由（   ）或者铁路管理机构依法追究行政责任。

二、判断题（对的打"√"，错的打"×"）

1. 车站对本站发生的及列车移交的伤害旅客，应当及时联系当地医疗急救机构或送就近医院抢救。（   ）

2. 发生旅客人身伤害、需要保护现场时，应当及时采取措施保护现场，禁止与救援、调查无关的人员进入。必要时，可请求铁路部门协助。（   ）

3. 在站内或区间线路上发现有坠车旅客时，发现或接到通知的车站应当迅速通报车站派出所。（   ）

4. 事故等级分为特别重大事故、重大事故、较大事故和一般事故。（   ）

5. 造成30人以上死亡，或者100人以上重伤（包括急性工业中毒，下同），或者1亿元以上直接经济损失的，为重大事故。（   ）

6. 重大事故由国务院或者国务院授权的部门组织事故调查组进行调查。（   ）

7. 一般事故的调查期限为10日。（   ）

8. 事故调查期限自事故发生之日起计算。（   ）

三、单项选择题

1. 列车因旅客伤害严重需紧急停车处理或发生（   ）以上疑似食物中毒的，应立即报告运行所在铁路局客运调度。

  A. 3人   B. 4人   C. 5人   D. 6人

2. 动用站进款时，填写或补填"运输进款动支凭证"（财收-29），（   ）内由核算站或车务段财务拨款归还。

  A. 5日   B. 10日   C. 20日   D. 30日

3. 受伤旅客经现场抢救无效死亡，或对站内、区间发现的旅客尸体，经医疗部门或公安机关确认死亡，尸体存放原则上不超过（   ）。

  A. 10日   B. 20日   C. 30日   D. 40日

4. 繁忙干线客运列车脱轨（   ）以上并中断铁路行车48小时以上的为特别重大事故。

  A. 18辆   B. 28辆   C. 38辆   D. 48辆

5. 客运列车脱轨（   ）以下的为较大事故。

  A. 2辆以上16辆

  B. 2辆以上17辆

  C. 2辆以上18辆

  D. 2辆以上19辆

6. （   ）由国务院铁路主管部门组织事故调查组进行调查。

A. 特别重大事故　　B. 重大事故　　C. 较大事故　　D. 一般事故

7. 特别重大事故的调查期限为（　　）。

　　A. 30日　　　　B. 40日　　　　C. 50日　　　　D. 60日

8. （　　）由事故发生地铁路管理机构组织事故调查组进行调查。

　　A. 特别重大事故　　B. 特大事故　　C. 重大事故　　D. 较大事故和一般事故

四、简答题

1. 发生旅客坠车时，在不具备停车条件或者迟延发现的，应如何处理？
2. 发生旅客人身伤害后，列车长、站长应当做好哪些工作？
3. 列车向车站移交伤害旅客时，车站不得拒绝接收，办理移交手续时，列车应当做好哪些工作？
4. 对哪些情形造成的旅客人身伤害应当立即向铁路公安机关报警？
5. 报告（含速报）内容主要包括哪些？
6. 遇哪些情形，车站应当承担相关责任？
7. 遇哪些情形，列车应当承担相关责任？

第三节　动车组列车相关规定

一、《动车组列车旅客运输管理暂行办法》规定

（一）站务管理

1. 车站应采取多种方式售票和订、送票，为旅客购票提供方便。
2. 持铁路乘车证的人员乘坐动车组列车时，应实名签证后方可乘车。（根据铁运〔2012〕102号文件修改）
3. 较大车站应设置动车组旅客专用候车室，有动车组停靠的中间站应设专用候车区。动车组旅客的候车室（区）设备设施和服务应符合软席候车室标准。
4. 车站设置自动检票闸机的，闸机的数量和布局应当与车站设施设备相协调，有利于划分动车组旅客专用区域和通道并满足旅客快速进出站的需要。使用自动检票闸机的车站应同时留有人工通道。
5. 动车组车门验票由车站负责，通道和站台专用的车站可以不在车门验票。
6. 站车要利用各种渠道大力宣传"CRH"品牌，用于为动车组旅客服务的用品、商品应有"CRH"图形标记。涉及动车组运营的站车经营服务环境需要发布广告的，必须经中国铁路总公司批准。

（二）乘务管理

1. 客运乘务组根据交路实际需要采用轮乘或包乘制。客运乘务组由1名列车长和2名列车员组成，动车组重联时，按两个乘务组配备。编组16辆的动车组按1名列车长和

4名列车员配备。对以上运行时间较长的动车组可适当增加客运乘务人员。

2. 客运乘务组承担服务旅客、处理票务、检查列车保洁、餐饮工作质量等工作。发生影响旅客安全问题时，客运乘务组应当立即采取有效措施，保护旅客安全。

3. 运行时间在3小时以内的列车，一般只播迎送词、服务设备介绍、安全提示、站名和背景音乐。运行时间超过3个小时的列车，可在不干扰旅客休息的前提下，适当增加播放内容。列车旅客信息服务及影音播放系统播放的内容应由客运部门提供，由车辆部门录入。

4. 动车组发车前，由列车长确认旅客乘降完毕后，根据不同车型要求通知司机或机械师关闭车门。动车组重联运行时，由两组列车长互相确认旅客乘降情况后，运行前方第一组的列车长负责通知司机或机械师。

5. 列车长出乘除携带电报、客运记录、处理票务等必要的设备和处理业务资料外，其他纸质资料台账不携带上车。动车组列车运行中，列车长无须向添乘领导汇报工作。

6. 客运乘务人员配手持电台。动车组列车始发前，列车长的手持电台均应设置在频道1（CH1）与随车机械师、乘警或司机进行通话联络。运行途中，列车长需与列车员通话时，转为各自的专门频道进行通话。通话完毕，应转回频道1进行守候。

7. 列车多功能室只能用于照顾伤、病旅客，存放少量服务备品，由客运乘务人员管理，其他人员不得占用或改作他用。

（三）餐饮管理

1. 列车餐饮服务由与铁路局签订餐饮服务合同的专业餐饮公司承担。为列车提供餐饮服务的企业必须通过ISO9000或HACCP质量认证。列车销售的食品、饮品应当为全国名优产品并应当有"QS"标志。

2. 铁路局应当监督餐饮企业严格遵守国家卫生法律法规的规定，建立健全加工食品的场地、加工程序、设备、保管、运输、列车供餐服务质量、商品价格等各环节管理和考核制度。

3. 列车上销售的食品和商品，必须由餐饮公司统一采购。餐饮公司销售人员应将上车食品、商品的出库单交列车长以备检查。列车销售的食品和商品销售应当明码标价、一货一签，并有"CRH"标记。

4. 加热后未售出的食品严格实行定时报废制度。在列车上，报废的食品在未处理前应醒目标明"报废"字样存放。

5. 餐饮企业的乘务服务人员负责列车运行中餐车的清洁卫生。餐车展示柜布置应当美观丰满，其他商品、备品存放不得侵占通道和影响安全。列车到站、开车时，乘务服务人员应当在餐车门内立岗迎送旅客。

6. 动车组供应的食品、饮品应当品种丰富，价格合理。餐饮企业应当经常征求旅客对饮食服务的意见，并根据旅客的意见调整供应品质、品种，改善服务质量。

（四）保洁管理

1. 列车保洁工作由与铁路局签订保洁合同的专业保洁公司承担。为动车组列车提供保洁服务的企业应当具有 ISO9000 质量认证。

2. 保洁作业应当爱护车辆设备，保洁使用的清洁剂类用品应当是经过认证机构认证的产品。铁路运输有关部门应当对保洁工作中涉及卫生环境质量和爱护车辆设备等进行检查指导。

3. 动车段（所）应当将保洁工作纳入库内作业计划，并为列车保洁提供水、电和存放保洁机具、备品的等条件。

4. 列车要通过广播、图形标志、电子显示屏、文字提示等形式向旅客广泛宣传环境保护和禁止吸烟规定，提示旅客不得随意丢弃杂物。

（五）安全管理

1. 时速 300 km 及以上的客运专线动车组和直通动车组列车不得超员；铁路局管内短途一等座车不得超员，二等座车最高超员率为 15%。

2. 动车组应当接入固定站台并停于固定位置。站台上应以颜色区别车型标出车门位置。站车有关工种应当紧密配合，组织旅客按照车厢号在标明车门位置处排队等候，有序乘降。

3. 当站台邻靠正线，一侧有动车组通过时，站台另一侧应当停止组织旅客乘降或设防护栏进行防护。当一个站台两侧同时有动车组邻站台通过且没有防护措施时，除有人身安全防护措施的车站工作人员外，站台上不得再有候车旅客、其他工作人员和可移动物品。

4. 有动车组停靠或通过的车站，应当对跨线候车室窗户或天桥进行封闭管理并有"禁止抛物"等相应的安全提示。没有立体跨线设备的车站，平过道应当有专人管理。旅客或作业车辆须通过平过道时应当有人引导。

5. 列车注水口处设有加锁式挡板门的动车组，上水人员在给列车注水结束后，应当锁闭挡板门并进行再确认。

6. 列车乘务人员在列车运行中应当注意对列车安全设备的管理，制止搬动、触碰安全设备等不安全行为。严禁任何人在列车正常运行中打开气密窗，禁止任何无关人员进入司机室。

7. 车站、动车段（所）对进站、段（所）的餐饮、保洁人员和车辆进行安全管理。餐饮、保洁人员出、退乘和进出上述场所时，应当着统一服装、列队、佩戴工牌。车站和动车段（所）制发出入证件时，只能收取工本费。

（六）人员管理

1. 站车客运人员应当具备高中及以上文化程度，能够熟练使用计算机和站车相关设备设施，掌握服务类常用英语会话，具有良好的语言文字表达能力和服务技巧，身材匀称、五官端正，女性身高一般不低于 1.60 m，男性身高一般不低于 1.70 m。

2. 站车客运人员应当按照规定岗位职责进行岗前培训，经考试合格取得上岗资格，由铁路局统一颁发上岗证，持证上岗并应当定期进行脱产培训。餐饮、保洁人员上岗前应当经过铁路安全知识、应急演练和设备操作培训。培训及考核发证由铁路局负责。

二、《动车组列车运输服务质量规范》规定

（一）术语和定义

1. 动车组列车：指由若干带动力和不带动力的车辆以固定编组组成、两端设有司机室的一组列车。

2. 重点旅客：指老、幼、病、残、孕旅客。特殊重点旅客是指依靠辅助器具才能行动等需特殊照顾的重点旅客。

（二）安全秩序

1. 防火防爆、人身安全、食品安全、现金票据、结合部等安全管理制度健全有效。

2. 出、入动车所前，由车辆、客运人员对上部服务设施状态进行检查，办理一次性交接；运行途中，发现上部服务设施故障时，客运乘务人员立即向列车长报告，并通知随车机械师共同确认、处理。

3. 各车厢灭火器、紧急制动阀（手柄或按钮）、烟雾报警器、应急照明灯、防火隔断门、紧急门锁、紧急破窗锤、气密窗、厕所紧急呼叫按钮及车门防护网（带）、应急梯、紧急用渡板、应急灯（手电筒）、扩音器等安全设施设备配置齐全，作用良好，定位放置。乘务人员知位置、知性能、会使用。

4. 安全使用电源，正确使用电器设备。电器元件安装牢固，接线及插座无松动，按钮开关、指示灯作用良好；不乱接电源和增加电器设备，不超过允许负载。配电室（箱）、电气控制柜锁闭，无堆放物品。不用水冲刷车内地板、连接处和车内电器设备。

5. 餐车配置的微波炉、电烤箱、咖啡机等厨房电器符合规定数量、规格和额定功率，规范使用，使用中有人监管，用后清洁，餐车离人断电。

6. 执行车门管理制度。

（1）列车到站停稳后，司机或随车机械师开启车门，并监控车门开启状态。开车前，列车长（重联时为运行方向前组列车长）接到车站与客运有关的作业完毕通知后，按规定通知司机或随车机械师关闭车门。

（2）动车组列车停靠低站台时，到站前乘务人员提前锁闭辅助板指示锁并打开翻板，开车后及时将翻板及辅助板指示锁复位。

（3）餐车上货门仅供餐车售货人员补充商品、餐料时使用，无旅客乘降。

（4）列车运行中，车门、气密窗锁闭状态良好。定期巡视，保持通道畅通。发现车门未锁闭或锁闭状态不良时，指派专人看守，并及时通知随车机械师处理。

7. 安全标志设置齐全、规范，符合标准。采用广播、视频、图形标志、服务指南等方式，宣传安全常识和车辆设备设施的使用方法，提示旅客遵守安全乘车规定。

8. 运行中做好安全宣传和防范，车内秩序、环境良好，无闲杂人员随车叫卖、拣拾、讨要。发现可能损坏车辆设施和影响安全、文明的行为及时制止。

9. 全列各处所禁止吸烟，加强禁烟宣传，发现吸烟行为及时劝阻，并由公安机关依法查处。

10. 行李架、大件行李存放处物品摆放平稳、牢固、整齐。大件行李放在大件行李存放处，不占用席（铺）位，不堵塞通道。锐器、易碎品、杆状物品及重物等放在座（铺）位下面或大件行李存放处。衣帽钩限挂衣帽、服饰等轻质物品。使用小桌板不超过承重范围。

11. 发现旅客携带品可疑及无人认领的物品时，配备乘警（或列车安全员，下同）的列车通知乘警到场处理；未配备乘警的由列车长按规定处理，对危险品做好登记、保管及现场处置，并交前方停车站（公安部门）处理。

12. 发现行为、神情异常旅客时，重点关注，配备乘警的列车通知乘警到场处理；未配备乘警的列车由列车长处理，情形严重时交列车运行前方停车站处理。

13. 发生旅客伤病时，提供协助，通过广播寻求医护人员帮助；情形严重的，报告客调。

14. 办理站车交接，短编组动车组列车在4、5号车厢之间；长编组动车组列车在8、9号车厢之间；重联动车组列车在列车运行方向前组第7、8位车厢之间。

15. 乘务人员进出车站和动车所（客技站）时走指定通道，通过线路时走天桥、人行地道，走平交道时做到"一停二看三通过"，不横越线路，不钻车底，不跨越车钩，不与运行中的机车车辆抢行。进出车站时集体列队。

16. 乘务人员在接班前充分休息，保持精力充沛，不在班前、班中、折返站饮酒。

（三）应急处置

1. 火灾爆炸、重大疫情、食物中毒、空调失效、设备故障和列车大面积晚点、停运、变更径路、启用热备车底等非正常情况下的应急处置预案健全有效，预案内容分工明确，流程清晰。日常组织培训，定期组织演练，培训演练有记录，有结果，有考核。

2. 配备照明灯、扩音器、口笛等应急物品，电量充足，性能良好。灾害多发季节增备易于保质的食品、饮用水和应急药品，单独存放。

3. 遇火灾爆炸、重大疫情、食物中毒、空调失效、设备故障和列车大面积晚点、停运、变更径路、启用热备车底等非正常情况时，及时启动应急预案，掌握车内旅客人数及到站情况，维持车内秩序，准确通报信息，做好咨询、解释、安抚、生活保障等善后工作。

4. 列车晚点15 min以上时，列车长根据调度、本段派班室（值班室）或车站的通报，向旅客公告列车晚点信息，说明晚点原因、预计晚点时间。广播每次间隔不超过30 min，可利用电子显示屏实时显示。

5. 遇列车空调故障时，有条件的，将旅客疏散到空调良好的车厢；需开启车门通风的，按规定安装防护网，有专人防护。在停车站，开启站台一侧车门；在途中，开启运行方向左侧（非会车侧）车门。运行途中劝阻旅客不在连接处停留，临时停车严禁旅客下车。在站停车须组织旅客下车时，站车共同组织。按规定做好旅客到站退还票价差额时的站车交接。

6. 热备车底的乘务人员、随车备品和服务用品同步配置到位。遇启用热备车底时，做好宣传解释，配合车站共同组织旅客换乘其他列车，或者按照车站通报的席位调整计划组织旅客调整席位，按规定做好站车交接。

7. 遇变更径路时，做好宣传解释，配合车站组织不同径路的旅客下车，按规定做好站车交接。

8. 车门故障无法自动开启时，手动开启车门，并通知随车机械师处理；无法关闭时，由专人看守并通知随车机械师处理。使用车门紧急解锁拉手后，及时复位。

9. 发生烟火报警时，随车机械师、列车长和乘警根据司机通知立即到报警车厢查实确认，查看指定车厢的客室、卫生间，随车机械师重点查看电气设备。若发生客室或设备火情，列车长或随车机械师立即通知司机按规定实施制动停车，并启动应急预案进行处理；若确认因吸烟等非火情导致烟火报警时，由随车机械师做好恢复处理，乘警依法调查，并向旅客通告。

10. 发生人身伤害或突发疾病时，积极采取救助措施，按规定办理站车交接，客运乘务员不下车参与处理。必要时可请求在前方所在地有医疗条件的车站临时停车处理。

 **课后复习题**

一、填空题

1. 防火防爆、（　　）、食品安全、（　　　）、结合部等安全管理制度健全有效。
2. 出、入动车所前，由（　　　）对上部服务设施状态进行检查，办理（　　　）性交接。
3. 安全设施设备配置齐全，作用良好，定位放置。乘务人员（　　　）。
4. 餐车配置的微波炉、电烤箱、咖啡机等厨房电器符合规定数量、规格和额定功率，（　　），使用中（　　），用后清洁，餐车（　　）。
5. 安全标志设置齐全、规范，（　　）。采用广播、视频、（　　）、（　　）等方式，宣传（　　）和车辆设备设施的使用方法，提示旅客遵守（　　）规定。
6. 运行中做好安全宣传和防范，（　　），环境良好，无闲杂人员随车叫卖、（　　）。
7. 全列各处所禁止吸烟，加强禁烟宣传，发现吸烟行为及时劝阻，并由（　　）依法查处。
8. 行李架、大件行李存放处物品摆放（　　）。
9. 衣帽钩限挂（　　）等轻质物品。
10. 发生旅客伤病时，提供协助，通过广播寻求(　　)帮助；情形严重的，报告(　　)。

二、判断题（对的打"√"错的打"×"）

1. 不用水冲刷车内地板、连接处和车内电器设备。（　　）
2. 乘务人员在接班前充分休息，保持精力充沛，不在班前、班中、折返站饮酒。（　　）
3. 餐车上货门仅供餐车售货人员补充商品、餐料时使用，可以有旅客乘降。（　　）
4. 列车到站停稳后，只能由司机开启车门，并监控车门开启状态。（　　）

5. 动车组列车开车前，列车长（重联时为运行方向前组列车长）接到车站与客运有关的作业完毕通知后，按规定通知司机或随车机械师关闭车门。（　　）

6. 发现车门未锁闭或锁闭状态不良时，指派专人看守，并及时通知列车长处理。（　　）

7. 动车组列车使用小桌板不超过承重范围。（　　）

8. 动车组列车未配备乘警的由列车长按规定处理，对危险品做好登记、保管及现场处置，并交前方停车站（公安部门）处理。（　　）

三、单项选择题

1. 办理站车交接，短编组动车组列车在（　　）号车厢之间。
   A. 4、5号　　　B. 5、6号　　　C. 6、7号　　　D. 7、8号

2. 长编组动车组列车在（　　）号车厢之间。
   A. 4、5号　　　B. 5、6号　　　C. 6、7号　　　D. 8、9

3. 重联动车组列车在列车运行方向前组第（　　）位车厢之间。
   A. 4、5　　　B. 5、6　　　C. 6、7　　　D. 7、8

4. 乘务人员进出车站和动车所（客技站）时走指定通道，通过线路时走天桥、人行地道，走平交道时做到（　　），不横越线路，不钻车底，不跨越车钩，不与运行中的机车车辆抢行。
   A. "一停二看三通过"　　　B. "一站二看三通过"
   C. "一停二瞭望三通过"　　　D. "一停二看三经过"

5. 运行时间在（　　）小时以内的列车，一般只播迎送词、服务设备介绍、安全提示、站名和背景音乐。
   A. 2　　　B. 3　　　C. 4　　　D. 5

6. 运行时间超过（　　）小时的列车，可在不干扰旅客休息的前提下，适当增加播放内容。列车旅客信息服务及影音播放系统播放的内容应由客运部门提供，由车辆部门录入。
   A. 2　　　B. 3　　　C. 4　　　D. 5

7. 时速（　　）km及以上的客运专线动车组和直通动车组列车不得超员；
   A. 200　　　B. 250　　　C. 300　　　D. 350

8. 铁路局管内短途一等座车不得超员，二等座车最高超员率为（　　）。
   A. 15%　　　B. 20%　　　C. 25%　　　D. 30%

四、简答题

1. 车门管理制度是如何规定的？
2. 乘务人员进出车站和动车所（客技站）时如何行走？
3. 发现旅客携带品可疑及无人认领的物品时，应如何处理？

4. 行李架、大件行李存放处物品摆放的规定有哪些？
5. 发现行为、神情异常旅客时，应如何处理？
6. 遇列车空调故障时应如何处理？
7. 发生烟火报警时应如何处理？

第四节　空调列车相关规定

一、术语和定义

1. 普速旅客列车：指运送旅客或行包、邮件的非动车组列车。
2. 动车组列车：指由若干带动力和不带动力的车辆以固定编组组成、两端设有司机室的一组列车。
3. 重点旅客：指老、幼、病、残、孕旅客。特殊重点旅客是指依靠辅助器具才能行动等需特殊照顾的重点旅客。

二、安全秩序

1. 防火防爆、人身安全、食品安全、现金票据、结合部等安全管理制度健全有效。
2. 列车始发前及途中，客运、车辆、公安等人员按照职责分工分别对列车上部设备设施进行检查，发现问题各自填入"三乘检查记录"并通知车辆人员处置，涉及行车、人身安全的及时采取临时处置措施。列车终到前，已经修复的在"三乘检查记录"上标记并由"三乘"签字确认后，交车辆乘务员。
3. 各车厢灭火器、紧急制动阀、人力制动机、紧急破窗锤、灭火毯、防毒面具、应急手电筒、扩音器等安全设备设施配齐配全，作用良好，定位放置。乘务人员知位置、知性能、会使用。

（1）各车厢紧急制动阀有包封，印有"危险勿动"警示标志；紧急制动阀手柄施封良好，压力表指示正常。

（2）人力制动机施封良好，制动、缓解方向指示标志清晰，无遮挡。

（3）灭火器安放牢固，便于取用，不搭挂物品；检修不过期，压力符合规定，标牌齐全清晰，施封完好。

（4）紧急破窗锤标注"消防专用"标志，安放牢固，便于取用。

（5）餐车厨房按规定配备灭火毯，定位存放，保持干燥。

（6）行李车、邮政车和发电车配备 2 具有效防烟毒面具，包装完好，配件齐全。

（7）封闭式洗脸间、厕所防护栏安装牢固，防护栏栏杆之间及栏杆与窗框之间的间隙不大于 150 mm。

4. 正确使用电器设备，安全用电。电器元件安装牢固，接线及插座无松动，紧急断电按钮护盖施封良好，按钮开关、指示灯作用良好；不乱接电源和增加电器设备，不超过允许负载。配电室（箱）人离锁闭，门锁良好，配电箱、控制箱内及上部不得放置物品；可燃物品不得贴靠电采暖装置。不用水冲刷地板、墙板、电器设备及带有电伴热塞拉门乘降梯。

5. 定期对餐车炉灶（台面）、器具进行油垢清理。餐车炉灶台面一餐一清；炉灶墙壁、抽油烟机、排烟罩和烟道的表面可见部位一趟一清。

6. 电气化厨房设备在明显位置粘贴操作说明和安全操作规程，使用前确认电源控制柜技术状态良好，操作时按规定使用电磁炉、电炸炉、电烤箱、微波炉、电冰箱、蒸饭箱等电器设备，使用中有人监管，用后清洁，餐车离人断电。灶台上保持干燥、清洁，不放导磁体。不使用电磁炉油炸食品。不带电清洁和用水冲刷，不自行拆卸电气设备。电气化餐车电炸锅内油面高于1/4油锅深度，最高油面高度不超过油位警告标志，油温设定值严禁超过 200 ℃。

非电气化餐车按规定检查蒸饭锅炉水位（压）表、水温表、验水阀状况，不漏水，不缺水。煤箱盖安装牢固，无松动、脱落、变形。炉灰先用水浸灭后再装袋处置。终到因故甩下的餐车彻底排净锅炉内的积水。燃煤炉灶运行中油炸食物使用前进方向第一个炉灶，用油量不超过容器的1/3。

7. 执行车门管理制度。

（1）车门管理做到停开、动关、锁，出站台检查瞭望值乘区域车门。车站开车铃声结束、旅客乘降完毕后上车放下脚踏板，在车门口值守做好关门准备（塞拉门应关闭车门），车动关闭车门；进站提前到岗，确认站台，试开车门（塞拉门除外），停稳开门，卡牢翻板，无旅客从背面车门下车。试开车门时开启车门缝隙不超过 10 cm，确认车门状态良好后立即关闭。始发、终到客流较大时双开车门组织乘降，一人值乘多个车厢时，由车站负责值守增开的车门。

（2）列车运行中，载客车厢连接端门不锁闭，特殊情况需要锁闭时，应有工作人员监管，需要时能随时打开。车门及餐车厨房边门、走廊边门、厨房后门锁闭；行李车、发电车、邮政车端门锁闭，但与车厢连接端门锁闭后可用列车通用钥匙打开。到站前、开车后疏通通道。列车站停期间，卧车端门按照值乘范围锁闭相应车厢端门。

（3）列车首节车辆前部、尾节车辆后部设有外端门、防护栏和"禁止通行、当心坠落"标志，外端门运行中锁闭。餐车后厨边门窗户不是内翻可开启式的，边门外加装防护栏并加锁固定牢固。列车首尾载客车厢侧门和端门运行中锁闭，在内端门设置"旅客止步"标志。

（4）临时停车时做好宣传，加强巡视，确保车门锁闭，严禁旅客上下车，未经列车长统一组织不准开启车门。列车启动后四门检查瞭望。

（5）停站立岗时，面向旅客放行方向立岗（高站台时不背对车厢连接处立岗），做好安全宣传，验票上车，重点帮扶，安全乘降。

（6）高站台乘降作业时，站停时间超过 4 min 时，车门口与站台间使用安全踏板，组织乘降的车门与相邻车厢间空挡处设置警示带。安全踏板制作轻巧牢固，安放平稳，定位放置。警示带印有反光材料制作的"请勿靠近、当心坠落"字样及当前、相邻车厢顺号，设置方式、位置统一。临时双开车门组织乘降时，增开的车门可以不设置安全踏板和警示带。

8. 安全标志和揭示揭挂设置齐全，有铁路旅客乘车安全、旅行须知；车门有"禁止携带危险品"标志，塞拉门还有"禁止倚靠"标志；客室相应位置有"禁止吸烟""请勿向窗外扔东西""当心烫伤""当心夹手""请勿触摸""禁止通行""旅客止步"等安全标志。设置位置合理，内容准确，规格统一，符合标准。

9. 运行中做好安全宣传和防范，车内秩序、环境良好，无闲杂人员随车叫卖、拣拾、讨要。发现可能损坏车辆设施和影响安全、文明的行为及时制止。

10. 车厢内禁止吸烟，加强禁烟宣传，发现禁烟区吸烟行为及时劝阻，并由公安机关依法查处。允许吸烟的处所有"吸烟处"标志和安全注意事项告知，并配备烟灰盒。

11. 行李架物品摆放平稳、牢固、整齐。大件行李妥善放置，不占用席（铺）位，不堵塞通道。锐器、易碎品、杆状物品及重物等放在座（铺）位下面。衣帽钩限挂衣帽、服饰等轻质物品。

12. 发现旅客携带品可疑及无人认领的物品时，配备乘警（或列车安全员，下同）的列车通知乘警到场处理；未配备乘警的由列车长按规定处理，对危险品做好登记、保管及现场处置，并交前方停车站（公安部门）处理。

13. 发现行为、神情异常旅客时，重点关注，配备乘警的列车通知乘警到场处理；未配备乘警的列车由列车长处理，情形严重时交列车运行前方停车站处理。

14. 发生旅客伤病时，提供协助，通过广播寻求医护人员帮助；情形严重的，报告客调。

15. 在列车中部办理站车交接。

16. 乘务人员进出车站和客技站时走指定通道，通过线路时走天桥、人行地道，走平交道时做到"一停二看三通过"，不横越线路，不钻爬车底，不跨越车钩，不与运行中的机车车辆抢行。进出车站时集体列队。

17. 乘务人员在接班前充分休息，保持精力充沛，不在班前、班中、折返站饮酒。

 **课后复习题**

一、填空题

1. 重点旅客是指（　　）旅客。

2. 特殊重点旅客是指（　　）才能行动等需特殊照顾的（　　）。

3. 防火防爆、（　　）、食品安全、（　　）、结合部等安全管理制度健全有效。

4. 列车始发前及途中，（　　）等人员按照职责分工分别对（　　）进行检查，发现问题各自填入（　　）并通知车辆人员处置，涉及行车、人身安全的及时采取临时处置措施。列车终到前，已经修复的在（　　）上标记并由"三乘"签字确认后，交（　　）。

5. 各车厢灭火器、（　　）、人力制动机、紧急破窗锤、灭火毯、（　　）、应急手电筒、（　　）等安全设备设施配齐配全，作用良好，定位放置。

6. 灭火器安放牢固，便于取用，不（   ）；检修（   ），（   ）符合规定，（   ）齐全清晰，施封完好。

7. 紧急破窗锤标注（   ）标志，安放牢固，便于取用。

8. 定期对餐车炉灶（   ）、器具进行油垢清理。餐车炉灶台面（   ）；炉灶墙壁、抽油烟机、排烟罩和烟道的表面可见部位（   ）。

9. 临时停车时做好宣传，（   ），确保车门锁闭，严禁旅客上下车，未经（   ）统一组织不准开启车门。列车启动后四门（   ）。

10. 停站立岗时，面向旅客（   ）立岗（   ），做好安全宣传，（   ），重点帮扶，（   ）。

11. 运行中做好安全宣传和防范，（   ）、环境良好，无闲杂人员随车（   ）。发现可能损坏车辆设施和影响安全、文明的行为（   ）。

12. 发现行为、神情异常旅客时，（   ），配备乘警的列车通知乘警到场处理；未配备乘警的列车由（   ）处理，情形严重时交（   ）。

13. 在（   ）办理站车交接。

二、判断题（对的打"√"，错的打"×"）

1. 各车厢紧急制动阀有包封，印有"小心、危险勿动"警示标志；紧急制动阀手柄施封良好，压力表指示正常。（   ）

2. 餐车厨房按规定配备灭火毯，定位存放，保持干燥。（   ）

3. 不用水冲刷地板、墙板、电器设备及带有电伴热塞拉门乘降梯。（   ）

4. 行李车、发电车、邮政车端门锁闭，但与车厢连接端门锁闭后不可用列车通用钥匙打开。（   ）

5. 列车首节车辆前部、尾节车辆后部设有外端门、防护栏和"禁止通行、当心坠落"标志，外端门运行中锁闭。（   ）

6. 列车首尾载客车厢侧门和端门运行中锁闭，在内端门设置"禁止通行"标志。（   ）

7. 车厢内禁止吸烟，加强禁烟宣传，发现禁烟区吸烟行为及时劝阻，并由列车工作人员依法查处。（   ）

8. 发生旅客伤病时，提供协助，通过广播寻求医护人员帮助；情形严重的，报告客调。（   ）

三、单项选择题

1. 行李车、邮政车和发电车配备（   ）具有效防烟毒面具，包装完好，配件齐全。
　　A. 2　　　　B. 3　　　　C. 4　　　　D. 5

2. 封闭式洗脸间、厕所防护栏安装牢固，防护栏栏杆之间及栏杆与窗框之间间隙不大于（   ）毫米。
　　A. 50　　　B. 100　　　C. 150　　　D. 200

3. 电气化餐车电炸锅内油面高于（　　）油锅深度，最高油面高度不超过油位警告标志。

　　A. 1/2　　　　　B. 1/3　　　　　C. 1/4　　　　　D. 1/5

4. 电气化餐车电炸锅油温设定值严禁超过（　　）。

　　A. 50 ℃　　　　B. 100 ℃　　　　C. 150 ℃　　　　D. 200 ℃

5. 试开车门时开启车门缝隙不超过（　　）厘米，确认车门状态良好后立即关闭。

　　A. 10　　　　　B. 20　　　　　C. 30　　　　　D. 40

6. 始发、终到客流较大时双开车门组织乘降，一人值乘多个车厢时，由（　　）负责值守增开的车门。

　　A. 列车　　　　B. 车站　　　　C. 保洁　　　　D. 客运部门

7. 燃煤炉灶运行中油炸食物使用前进方向第一个炉灶，用油量不超过容器的（　　）。

　　A. 1/2　　　　　B. 1/3　　　　　C. 1/4　　　　　D. 1/5

8. 乘务人员进出车站和客技站时走指定通道，通过线路时走天桥、人行地道，走平交道时做到（　　），不横越线路，不钻爬车底，不跨越车钩，不与运行中的机车车辆抢行。进出车站时集体列队。

　　A. "一停二看三通过"　　　　　　　B. "一站二看三通过"
　　C. "一停二瞭望三通过"　　　　　　D. "一停二看三经过"

9. 高站台乘降作业时，站停时间（　　）时，车门口与站台间使用安全踏板，组织乘降的车门与相邻车厢间空挡处设置警示带。

　　A. 超过 4 min　　B. 超过 5 min　　C. 超过 6 min　　D. 超过 7 min

四、简答题

1. 车门管理制度是如何规定的？
2. 发现旅客携带品可疑及无人认领的物品时，应如何处理？
3. 行李架、大件行李存放处物品摆放的规定有哪些？
4. 发现行为、神情异常旅客时，应如何处理？

第二章　电气化区段安全管理

第一节　电气化铁路劳动安全通用知识

一、保持安全距离的规定

为了防止人体接触或接近带电体造成触电伤害，避免车辆及其他工具触及或过分接近带电体造成带电、放电、火灾和各种短路事故，在带电体与地面之间，带电体与其他设备之间，带电体与带电体之间均应保持一定的安全距离。

在电气化铁路的下列设备、部件上，通常或可能带有 25 kV 的高压电。

1. 接触网及其相连接的部件，包括导线、承力索。
2. 电力机车主变压器的一次侧。
3. 当接触网的绝缘失效且未安装接地线或接地不良时，接触网支柱及其金属结构上、回流线与钢轨的连接点上都可能带有高压电。

因此，为保证电气化铁路的劳动安全，从业人员必须与高压带电体保持 2 m 以上的安全距离，不得直接或通过任何物件间接地与上述设备接触。在距接触网带电部分不足 2 m 的建筑物上作业时，接触网必须先办理停电接地。

二、发现接触网断线时的处理

当接触网断线或接触网上挂有线头、绳索等物件时，应立即通知或设法转告接触网工区或电力调度员；在接触网检修人员到达以前，应在接触网断线处所 10 m 以外进行防护，防止其他人员进入断线处所。因为接触网的断线、接触网上悬挂垂落的线头、绳索等物件很可能由于接触导电体而发生接地故障，如果此时变电所的断路器未跳闸，就会产生接地电流。显然，距离接地处所越近，电压就越大，对人身安全的威胁也越严重。

当接触网的断线侵入建筑限界时，为了保证行车及从业人员和旅客的安全，应立即向列车开来方向发出停车信号：昼间，展开红色信号旗，无红色信号旗时，两臂高举头上向两侧急剧摇动；夜间，亮起红色灯光，无红色灯光时，亮起白色灯光上下急剧摇动。

第二节　电气化铁路附近灭火的安全常识

接触网附近发生火灾时，要立即报告或设法转报列车调度员、电力调度员或接触网工区值班人员。

用沙土灭火时必须位于接触网 2 m 以外；用水或一般灭火器浇灭距离接触网不足 4 m 的燃着物时，必须确认接触网停电接地；燃着物距离接触网超过 4 m 时，可在不停电的情况下灭火，但不得将水流向接触网方向喷射；利用消防车灭火时，消防人员和消防器材必须与接触网带电部分保持 2 m 以上的距离。

第三节　警示标志的设置和遵守规定

在内燃机车、电力机车、轨道车以及所有进入电气化铁路作业的动车、客车车辆上可以攀登到车顶的天窗、梯子和通往走台板的前门等处，必须明显地涂有"接触网有电、禁止攀登"等警告标语；在接触网支柱等电气化铁路的危险设施、设备及区域和站内的牵引供电设备、行人较多的区间牵引供电设备以及有关安全挡板和细孔栅栏上，应涂有"高压危险""禁止攀登""切勿靠近"等警示标志。

从业人员除严格按照警告标语、警示标志规范和约束自己的行为外，还应尽到维护警告标语、警示标志齐全完好和督促路外人员遵照执行的责任。

第四节　安全培训的基本要求

电气化铁路区段以及有从业人员进入电气化铁路区段从事运输生产经营活动的各单位各部门，必须在电气化铁路开通运营前，根据《电气化铁路有关人员电气安全规则》《铁路技术管理规程》和《行车组织规则》等规章制度，结合各自的情况培训、考试，经考试合格后方准持证上岗。上岗前的培训、考试应涵盖从业人员作业全过程中涉及劳动安全的应知应会内容，考试试卷要存入本人安全教育档案。电气化铁路开通运营后，每年仍须进行一次电气化劳动安全知识考试。

电气化铁路劳动安全的应知应会内容要纳入三级安全教育，对初到电气化铁路区段工作的人员，必须按照上述规定考试合格后，方准单独作业。

有关单位必须对使用的临时性和季节性用工以及路外承包施工队伍等从业人员组织全员培训、考试。经考试合格后方准在正式职工的带领下上岗作业。

第五节　客运作业安全

在电气化区段，客运乘务人员除严格执行有关规定外，还应时刻提醒乘客及有关人员，严禁攀登车梯到客车车顶，并不得随意向上抛扔物品。如发现车顶有人时应立即停车，提醒其上方有高压电，采取俯卧式慢慢爬下来以免触电。必要时应迅速与车辆乘务员、司机和车站取得联系，请求区段停电，在确认该区段停电后再进行处理。客车餐车人员在电气化区段内严禁攀爬车顶从事任何作业。

 **课后复习题**

一、填空题

1. 接触网及其相连接的部件，包括（　　　）。
2. 当接触网断线或接触网上挂有线头、绳索等物件时，应立即通知或设法转告（　　　）。
3. 昼间，展开（　　　）信号旗，无（　　　）信号旗时，两臂高举头上向（　　　）急剧摇动。
4. 夜间，亮起（　　　）灯光，无（　　　）灯光时，亮起白色灯光（　　　）急剧摇动。
5. 接触网附近发生火灾时，要立即报告或设法转报（　　　）、电力调度员或（　　　）。
6. 电气化铁路开通运营后，（　　　）仍须进行一次电气化劳动安全知识考试。

二、判断题（对的打"√"，错的打"×"）

1. 电气化铁路劳动安全的应知应会内容要纳入三级安全教育，对初到电气化铁路区段工作的人员，必须按照上述规定考试合格后，方准单独作业。（　　　）
2. 当接触网的绝缘失效且未安装接地线或接地不良时，接触网支柱及其金属结构上、回流线与钢轨的连接点上都可能带有低压电。（　　　）
3. 为保证电气化铁路的劳动安全，从业人员必须与高压带电体保持 3 m 以上的安全距离，不得直接或通过任何物件间接地与上述设备接触。（　　　）
4. 因为接触网的断线、接触网上悬挂垂落的线头、绳索等物件很可能由于接触导电体而发生接地故障，如果此时变电所的断路器未跳闸，就会产生接地电流。（　　　）
5. 距离接地处所越近，电压就越小，对人身安全的威胁也越轻。（　　　）

三、单项选择题

1. 在电气化铁路的部件上，通常或可能带有（　　　）的高压电。
　　A. 20 kV　　B. 25 kV　　C. 30 kV　　D. 35 kV
2. 为保证电气化铁路的劳动安全，从业人员必须与高压带电体保持（　　　）的安全距离，不得直接或通过任何物件间接地与上述设备接触。
　　A. 1 m 以上　　B. 2 m 以上　　C. 3 m 以上　　D. 4 m 以上
3. 在距接触网带电部分（　　　）的建筑物上作业时，接触网必须先办理停电接地。
　　A. 不足 2 m　　B. 不足 3 m　　C. 不足 4 m　　D. 不足 5 m
4. 在接触网检修人员到达以前，应在接触网断线处所（　　　）以外进行防护，防止其他人员进入断线处所。
　　A. 10 m　　B. 20 m　　C. 30 m　　D. 40 m
5. 用沙土灭火时必须位于接触网（　　　）以外。

A. 1 m　　　　　　B. 2 m　　　　　　C. 3 m　　　　　　D. 4 m

6. 用水或一般灭火器浇灭距离接触网不足（　　）的燃着物时，必须确认接触网停电接地。

　　A. 1 m　　　　　　B. 2 m　　　　　　C. 3 m　　　　　　D. 4 m

7. 燃着物距离接触网超过（　　）时，可在不停电的情况下灭火，但不得将水流向接触网方向喷射。

　　A. 1 m　　　　　　B. 2 m　　　　　　C. 3 m　　　　　　D. 4 m

8. 利用消防车灭火时，消防人员和消防器材必须与接触网带电部分保持（　　）以上的距离。

　　A. 1 m　　　　　　B. 2 m　　　　　　C. 3 m　　　　　　D. 4 m

第三章 动车组消防安全管理暂行规定

第一节 总 则

一、为加强动车组列车消防安全管理，提高抗御火灾事故能力，保障铁路运输生产和旅客生命财产安全，根据《中华人民共和国消防法》《铁路消防管理办法》和《铁路旅客列车消防安全管理规定》制定本规定。

二、动车组列车（以下简称动车组）的消防安全管理贯彻"预防为主，防消结合"的方针，坚持"铁路局统一领导、业务部门加强管理、专责机关依法监督"的原则，实行岗位防火责任制和标准化管理。

三、本规定适用于时速 200 km 及以上动车组。

第二节 部门管理职责

一、动车组的消防安全管理，由铁路车辆、客运、机务部门负责

要认真贯彻执行上级有关消防工作的规定和工作部署，制定动车组消防管理规章制度及动车组火灾事故应急预案，落实消防安全责任制和岗位防火责任制，定期开展消防安全检查，及时发现和整改火灾隐患，开展消防安全教育培训，提高火灾预防和处置能力。动车组消防安全监察工作由安全监察部门负责；消防监督工作由公安部门负责。

二、车辆部门职责

1. 负责车辆设备维修保养，保障动车组设备处于良好状态。
2. 组织出库联检，对设备技术状态进行检查确认。
3. 加强运行途中的安全检查，及时处置设备故障。
4. 组织动车组终到后的安全检查、交接。
5. 负责动车段、所内停留动车组车辆的看守，防止发生火灾事故。
6. 开展消防技术攻关，改进动车组车辆设备的消防安全技术条件。
7. 组织对新造、定期检修动车组的验收。
8. 负责灭火器配备和管理维护。

三、客运部门职责

1. 负责动车组运行中的消防安全管理。
2. 指导旅客正确使用安全设备。

3. 组织对旅客的消防安全宣传，加强动车组禁烟管理。
4. 负责组织易燃易爆危险物品查堵。
5. 组织客运人员参加联检交接。

四、机务部门职责

1. 负责制定动车组运行中本务司机的消防安全应急处置程序。
2. 加强对动车组驾驶室的消防安全管理。
3. 组织本务司机终到后参加安全检查并与动车组运用所地勤司机办理交接。

五、安全监察部门职责

1. 依照中国铁路总公司有关规定对动车组消防安全管理实施安全监督检查。
2. 组织开展安全检查，查处违章违纪行为，督促火灾隐患整改。
3. 定期开展消防安全评估、考核，督促有关部门制定并落实消防管理措施，开展安全生产专项整治。
4. 组织动车组行车火灾事故的调查处理。

六、公安部门职责

1. 依照国家消防法律法规和技术标准对动车组消防工作实施监督。
2. 组织开展消防监督检查，督促有关单位整改火灾隐患和落实消防安全责任制，依法查处违反消防法律法规行为。
3. 指导有关单位加强对动车组相关工作人员的消防安全宣传教育培训。
4. 制定乘警消防监督检查的工作内容、标准和程序，落实消防监督检查职责。
5. 加强动车段、所治安管理，维护站场治安秩序。
6. 组织客运、车辆、机务部门制定动车组火灾事故应急预案。
7. 负责动车组火灾事故调查。

第三节　消防组织和岗位职责

一、动车组消防工作在列车长的统一领导下实行岗位防火责任制。

二、动车组应建立由列车长为组长，本务司机、随车机械师、乘警、客运乘务员、随车服务餐饮、保洁人员参加的消防安全小组，履行下列职责：

1. 认真贯彻执行上级有关消防工作的规定和工作部署，定期召开消防安全小组会议，组织安排和总结分析消防工作。
2. 组织乘务人员认真学习消防知识，人人达到"三懂三会"（懂得本岗位火灾危险性、懂得预防火灾的措施、懂得扑救火灾的方法，会报警、会使用灭火器、会扑救初起火灾）。
3. 督促乘务人员落实岗位防火责任制。

4. 做好对旅客的防火安全宣传教育工作，落实易燃易爆危险物品查堵措施。

5. 发生火灾时，启动火灾事故应急预案，疏散旅客，扑救火灾，报告火灾情况。

6. 建立消防安全台账。

三、动车组消防安全台账由列车长负责填写和管理，台账在车队存放，包括以下主要内容：

1. 上级有关消防工作的文件（复印件或摘抄件）。

2. 动车组消防安全小组名册。

3. 火灾事故应急预案及人员分工。

4. 消防安全小组会议和活动记录。

5. 乘务人员消防安全培训记录。

四、列车长岗位防火职责

1. 全面负责动车组消防安全管理工作，贯彻上级有关消防工作部署，接受上级的消防安全检查。

2. 检查督促乘务工作人员落实岗位防火责任制。

3. 主持召开消防安全小组会议，总结分析、安排布置消防工作。

4. 组织乘务工作人员学习消防知识，提高防火灭火技能。

5. 按规定在列车运行中进行防火巡查，发现和消除火灾隐患，制止违反消防管理的行为，并做好巡查记录。

6. 组织乘务人员向旅客宣传防火、防爆安全知识，做好易燃易爆危险物品查堵工作。

7. 运行中发生火灾时，启动火灾事故应急预案，组织指挥乘务人员疏散旅客，扑灭火灾；及时向列车调度员及有关部门报告，协助公安、安监部门查明起火原因，组织恢复列车运行。

8. 按规定填写消防安全台账。

9. 参加联检交接。

五、本务司机岗位防火职责

1. 认真执行操作规程，熟练掌握动车组设备的性能和应急处置方法。

2. 出库前做好联检交接，确认IDU监控状态良好，发现问题及时妥善处置。

3. 运行中做好电气设备、火灾自动报警控制设备的监控，发现报警按规定程序处置。

4. 发生火灾事故时，按火灾事故应急预案，立即报告列车调度员，指挥随车机械师、列车长处理有关行车、列车防护和事故救援等工作，负责CRH1、CRH3、CRH5型动车组车门集控开关，负责通知CRH2型动车组随车机械师集控开关车门。

5. 学习消防知识，达到"三懂三会"。

6. 做好动车组终到后退乘前对驾驶室的安全检查和交接。

六、随车机械师岗位防火职责

1. 出库前，按照作业标准检查确认电气、消防设备状态，做好联检交接。

2. 在运行中，按规定巡视、检查车辆电气、火灾自动报警控制器等设备，发现隐患故障及时妥善处置。

3. 发生火灾时，按火灾事故应急预案及时通知司机采取停车措施或使用紧急制动阀停车；在司机指挥下做好有关行车、列车防护和事故救援工作，负责 CRH2 型动车组集控开关车门操作。

4. 按规定操作动车组设备，指导客运人员正确使用设备，制止纠正违章行为。

5. 做好动车组终到后的安全检查和交接。

七、客运乘务员岗位防火职责

1. 严格遵守动车组消防安全规章制度，服从命令，听从指挥，坚守岗位，落实防火措施。

2. 认真巡视车厢，及时制止旅客吸烟。

3. 加强运行中对电气设备、火灾自动报警显示屏的监视，严格执行操作规程，发现报警及故障，及时向列车长或随车机械师报告。

4. 学习消防知识，达到"三懂三会"，熟练掌握火灾应急处置预案。

5. 做好查堵易燃易爆危险物品工作，发现易燃易爆危险物品及时报告列车长妥善处理。

6. 发生火灾时，按火灾事故应急预案立即通知列车长和司机，及时疏散旅客，扑救初起火灾，维护秩序，保护旅客安全。

八、乘警岗位防火职责

1. 依照有关消防法律法规的规定，负责动车组消防监督检查，查处违反消防管理行为，督促乘务人员落实岗位防火责任制。

2. 做好运行中的巡视检查，发现隐患，督促整改。

3. 发生火灾时，在列车长领导下，按照火灾事故应急预案做好火灾扑救、现场保护和调查取证。

九、随车餐饮、保洁人员岗位防火职责

1. 遵守动车组消防管理规定，服从命令，听从指挥，坚守岗位，严格按操作规程使用电器设备。

2. 学习消防知识，达到"三懂三会"，熟练掌握火灾事故应急预案。

3. 发生火灾时，按火灾事故应急预案立即通知列车长和司机，及时疏散旅客，扑救初起火灾。

第四节　火灾预防

一、动车组的制造、维修应严格执行中国铁路总公司颁布的相关技术标准，保证质量。有关验收部门和运用单位要严格按标准进行验收，达不到标准不得出厂。

二、动车组采用的非金属材料（结构材料、装饰材料、保温材料、密封材料、管材等）必须是难燃材料，其燃烧性能和产烟毒性必须符合国家和中国铁路总公司有关技术标准。

三、动车组电气设备、消防设备、非金属材料所采用的产品应是经国家有关质量监督主管部门鉴定合格的产品。

四、动车组的电气绝缘、防雷、电气接地、漏电、过流、过热、防水防潮保护及线路敷设、连接应符合相关技术标准。

五、上线运行的动车组，必须符合《铁路动车组运用维修规程（暂行）》规定的质量标准。

六、严格执行联检制度。动车组出库联检时，应对电气设备、消防设施、器材等设备及各部位的消防安全状况进行全面检查，确认状态良好，严格办理交接。终到后，进行消防安全检查，按规定办理交接。

七、运行中，动车组乘务人员应严格标准化作业，认真执行岗位防火责任制。

八、动车组各部位均不得吸烟。车厢内应设置禁止吸烟标志。

九、应通过图形标志、电子显示、广播宣传等方式，向旅客进行禁止吸烟、严禁携带易燃易爆危险物品、逃生知识、灭火器、紧急破窗锤使用方法等消防安全宣传。

十、铁路局应制定动车组消防设备、电气装置的操作规程。

十一、对担当动车组乘务的工作人员进行消防安全培训，熟悉新技术新设备的性能，掌握各岗位防火职责和消防知识技能，经考试取得合格证后方可上岗。

十二、配电柜、箱体无破损，锁闭状态良好，保持清洁无杂物。电器元件安装牢固、接线及插销无松动，按钮开关、指示灯作用良好。

十三、严禁乱拉电线和违章安装、更换电气装置、元件。严禁擅自使用电热器具等电器。

十四、餐车配备的冰箱、电烤箱、微波炉、电磁炉等电器及各车厢的电茶炉插座、插头安装牢固，保持清洁，周围不得放置杂物。餐饮炉具使用时，操作人员不得离岗，做到人离断电。

十五、火灾自动报警系统保持状态良好，并按规定进行定期检测。配置列车内部无线对讲机，保证不间断使用及状态良好。

十六、乘务人员应严格遵守电气设备、消防设备操作规程，加强巡检，发现故障及时处置。

十七、各车厢应配备手提式2 kg ABC干粉灭火器和2 L水型灭火器各2具，应设置在车厢两端适当位置，安装牢固，便于取用。驾驶室配备5 kg二氧化碳或5 kg ABC干粉灭火器1具，固定放置在便于取用的位置。

十八、灭火器应定期由专业维修企业，按照国家有关规定进行检查维修，张贴维修标志，并在灭火器筒体上涂打到期时间（××××年××月到期）。干粉、二氧化碳灭火器维修期限为一年，水型灭火器维修期限为3年。

十九、加强灭火器日常维护保养和管理，保证处于良好状态。灭火器应保持清洁，严禁搭挂物品，严禁挪作他用。

二十、发现有旅客违章携带易燃易爆危险物品，要采取措施妥善处理。对判明不了性质的物品，严禁在车上进行试验。

二十一、严禁用水冲刷地板和电气设备，严禁用湿布擦拭电器和在电气设备上放置物品。作业人员在车上作业时严禁吸烟。

二十二、动车组出库后停留期间，由动车组停放所在局负责安排人员在地面看守，看守人员不得上车。

二十三、动车组运行途经的铁路沿线各车站以及动车段、所应加强消防设施建设，具备扑救动车组火灾能力。

二十四、办理动车组旅客乘降的车站，要落实易燃易爆危险物品查堵措施，严禁旅客携带易燃易爆危险物品进站上车。

二十五、应加强动车组消防安全检查，及时发现和消除火灾隐患，确保动车组消防安全。

第五节　火灾应急处置

一、铁路局应制定《动车组火灾事故应急预案》《车站处置动车组火灾事故应急预案》，定期组织演练，提高处置能力。

二、动车组火灾事故应急处置，应按照"统一指挥、快速反应、正确处置、站车协同、尽快开车"的原则。

1. 统一指挥。

动车组在运行中发生火灾，由列车长统一指挥，启动《动车组火灾事故应急预案》，向列车调度员或邻近车站值班员及有关部门报告，组织列车乘务人员疏散旅客，扑灭火灾；动车组在车站发生火灾或起火列车进站后，火灾扑救工作由车站站长组织指挥；公安消防队到达后，由公安消防队统一指挥。

2. 快速反应。

动车组火灾报警器报警或乘务人员、旅客报警时，列车长、乘警、客运乘务员和随车机械师要立即携带灭火器赶到报警车厢，确认火情，迅速扑救。

3. 正确处置。

在确认火情的情况下，立即组织旅客向邻车疏散，按下火灾报警按钮并通知司机，同时用灭火器扑救（宜先用水型灭火器），如有旅客被火围困或受伤，应立即抢救；起火车厢旅客疏散完毕后，关闭通道阻火门。司机接到确认起火信息后，应立即将火灾情况向列车调度员和邻近车站报告。

当车内电气设备、旅客行李物品发生火情或车厢内冒烟（无明火）不危及本列车安全时，可不停车，按有关规定限速运行至就近车站处理；当车厢内旅客携带易燃易爆危险物品发生爆炸燃烧，火势迅速蔓延危及本列安全时，应立即停车。区间停车时，司机应指挥随车机械师、列车长设置列车防护。

4. 站车协同。

车站接到动车组火灾报告后，立即启动《车站处置动车组火灾事故应急预案》，做好扑救准备，同时向消防队报警。车站接入起火动车组后迅速组织扑救，疏散旅客，抢救伤员；动车组在区间被迫停车时，车站应组织人员、消防器材立即赶赴现场救援。

5. 尽快开车。

火灾扑灭后，列车长、随车机械师共同检查车辆状况，确认安全后，报告列车调度员尽快开车。

三、各有关部门接到事故报告后，应立即按照火灾事故应急预案响应程序，组织力量、调集救援物资装备赶赴现场，各尽其职，各负其责，保证事故救援高效、快速、有序进行。铁路公安部门要维护好现场秩序，与安监部门共同开展火灾事故调查。

 课后复习题

一、填空题

1. 动车组列车（以下简称动车组）的消防安全管理贯彻（　　）的方针。
2. 动车组的消防安全管理坚持"铁路局统一领导、业务部门（　　）、（　　）依法监督"的原则，实行（　　）和（　　）。
3. 动车组的消防安全管理，由铁路（　　）部门负责。
4. 动车组消防安全监察工作由（　　）部门负责。
5. 动车组消防工作在（　　）的统一领导下实行岗位防火责任制。
6. 对担当动车组乘务的工作人员进行（　　）培训，熟悉（　　）的性能，掌握各岗位防火职责和消防知识技能，经（　　）后方可上岗。
7. 严禁乱拉电线和违章安装、更换（　　）。
8. 发现有旅客违章携带易燃易爆危险物品，要采取措施（　　）处理。对判明不了性质的物品，严禁在（　　）进行试验。
9. 动车组火灾事故应急处置，应按照（　　）的原则。
10. 动车组在车站发生火灾或起火列车进站后，火灾扑救工作由（　　）组织指挥。

二、判断题（对的打"√"，错的打"×"）

1. 《动车组消防安全管理暂行规定》适用于时速 250 km 及以上动车组。（　　）
2. 动车组消防监督工作由铁路部门负责。（　　）
3. 动车组应建立由列车长为组长，本务司机、随车机械师、乘警、客运乘务员、随车服务餐饮、保洁人员参加的消防安全小组。（　　）
4. 火灾自动报警系统保持状态良好，并按规定进行定期检测。（　　）
5. 严禁用水冲刷地板和电气设备，严禁用湿布擦拭电器和在电气设备上放置物品。（　　）

三、单项选择题

1. 动车组消防安全台账由（　　）列车长负责填写和管理，台账在车队存放。

A. 车队长　　　　　B. 列车长　　　　　C. 列车值班员　　　　D. 列车员

2. 各车厢应配备手提式（　　）ABC干粉灭火器2具，应设置在车厢两端适当位置，安装牢固，便于取用。

A. 2 kg　　　　　　B. 3 kg　　　　　　C. 4 kg　　　　　　D. 5 kg

3. 各车厢应配备（　　）水型灭火器2具，应设置在车厢两端适当位置，安装牢固，便于取用。

A. 2 L　　　　　　B. 3 L　　　　　　C. 4 L　　　　　　D. 5 L

4. 驾驶室配备（　　）二氧化碳或（　　）ABC干粉灭火器1具，固定放置在便于取用的位置。

A. 2 kg　　　　　　B. 3 kg　　　　　　C. 4 kg　　　　　　D. 5 kg

5. 干粉、二氧化碳灭火器维修期限为（　　）。

A. 半年　　　　　　B. 一年　　　　　　C. 两年　　　　　　D. 三年

6. 水型灭火器维修期限为（　　）。

A. 半年　　　　　　B. 一年　　　　　　C. 两年　　　　　　D. 三年

四、简答题

1. 动车组消防安全台账包括哪些主要内容？
2. 列车长岗位防火职责是什么？
3. 客运乘务员岗位防火职责是什么？

第四章 《高速铁路技术管理规程》安全规定

第一节 总　则

一、铁路是国民经济大动脉、国家重要基础设施和大众化交通工具，是综合交通运输体系骨干、重要的民生工程和资源节约型、环境友好型运输方式，在我国经济社会发展中的地位至关重要。

二、铁路运输具有高度集中的特点，各工作环节须紧密联系、协同配合。为加强中国铁路总公司（简称铁路总公司）铁路技术管理，确保国家铁路安全正点、方便快捷、高速高效，根据有关法律、法规、规章和技术标准等制定本规程。本规程适用于国家铁路。

三、本规程包括高速铁路和普速铁路两部分，本部分为高速铁路部分，适用于200 km/h 及以上的铁路和 200 km/h 以下仅运行动车组列车的铁路。200 km/h 客货共线铁路有关货运技术设备的要求参照本规程普速铁路部分执行。

四、本规程是国家铁路技术管理的基本规章，各部门、各单位制定的技术管理文件等，都必须符合本规程的规定。在铁路总公司明令修改以前，任何部门、任何单位、任何人员都不得违反本规程的规定。

五、国家铁路工作人员必须严格遵守和执行本规程的规定，在自己的职责范围内，以对国家和人民负责的态度，保证安全生产。各单位对遵守本规程成绩突出者，应予表扬或按有关规定给予奖励；对违反者，应视其违反程度和造成事故的性质、情节及后果，给予教育、处分。

第二节　基本要求火灾防护

一、对防寒工作，应提前做好准备。铁路局要抓好以下工作：

1. 对有关人员进行防寒过冬培训，并按规定做好防寒劳动防护用品的配备和发放工作。
2. 对铁路技术设备进行防寒过冬检查、整修，并根据需要做好包扎管路等工作。
3. 做好易冻设备、物资的防冻解冻工作。
4. 储备足够的防寒过冬材料、燃料和工具，检修好除冰雪机具和防雪设备，组织好除冰雪队伍。

二、有火灾危险的机车车辆内均须备有灭火器。客车内的茶炉，餐车低压锅炉、炉灶须有防火措施。餐车低压锅炉还须有防爆措施。

机车车辆停车及检修库、油脂库、洗罐所、通信信号机械室、计算机机房、牵引变电所控制室及为客运服务的建（构）筑物等主要处所，均须备有完好的消防专用器具。

有关单位应建立和健全消防组织，定期进行检查。

第三节 线路及轨道

一、铁路线路分为正线、站线、段管线、岔线及安全线等。

正线是指连接车站并贯穿或直股伸入车站的线路。

站线是指到发线、调车线、牵出线、货物线及站内指定用途的其他线路。

段管线是指机务、车辆、工务、电务、供电等段专用并由其管理的线路。

岔线是指在区间或站内接轨，通向路内外单位的专用线路。

安全线是为防止列车或机车车辆从一进路进入另一列车或机车车辆占用的进路而发生冲突的一种安全隔开设备。

桥长超过 3 km 时，应每隔约 3 km（单侧约 6 km）在线路两侧交错设置 1 处可上下桥的救援疏散通道，并设置防护门。长度 3~20 km 的隧道，应按相应规定设置紧急出口或避难所；长度超过 20 km 的隧道或隧道群，应设置紧急救援站。

二、新建 300 km/h 及以上铁路、长度超过 1 km 的隧道及隧道群地段，可采用无砟轨道。

正线及到发线轨道应采用一次铺设跨区间无缝线路，正线钢轨应采用 100 m 长定制的 60 kg/m 钢轨。绝缘接头应采用胶接绝缘接头。高速铁路有砟轨道正线应采用特级碎石道砟。

三、轨距是钢轨头部踏面下 16 mm 范围内两股钢轨工作边之间的最小距离。直线轨距标准为 1 435 mm。

四、线路两股钢轨顶面，在直线地段应保持同一水平。

曲线地段的外轨超高，应按有关规定的办法和标准确定。

五、道岔应铺设在直线上，正线道岔不得与竖曲线重叠。车站正线及到发进路上的道岔宜采用可动心轨道岔，道岔轨型应与正线和到发线的轨型相同。

钢轨伸缩调节器应铺设在直线上，避免与竖曲线重叠。

第四节 信号、联锁及闭塞

一、信号机按用途分为进站、出站、通过、进路、复示、调车信号机等。

二、各种信号机及表示器，在正常情况下的显示距离：

1. 高柱进站、高柱通过信号机，不得小于 1 000 m；

2. 高柱出站、高柱进路信号机，不得小于 800 m；

3. 调车、矮型进站、矮型出站、矮型进路、矮型通过、复示信号机，引导信号及各种表示器，不得小于 200 m。

在地形、地物影响视线的地方，进站、通过信号机的显示距离，在最坏的条件下，不得小于 200 m。

三、铁路信号机应采用色灯信号机。

区间不设通过信号机的线路，车站信号机宜采用矮型信号机。

区间设通过信号机的线路，信号机应采用高柱信号机，在下列处所可采用矮型信号机：

1. 不办理通过列车的到发线上的出站、发车进路信号机。
2. 道岔区内的调车信号机。
3. 桥梁、隧道内的通过信号机。

特殊情况需设矮型信号机时，须经铁路局批准。

四、信号机、区间信号标志牌应设在列车运行方向的左侧。反方向运行进站信号机可设在列车运行方向的右侧；其他特殊地段因条件限制，需设于右侧时，须经铁路局批准。

在确定设置信号机地点时，除满足信号显示距离的要求外，还应考虑到该信号机不致被误认为邻线的信号机。

五、特殊地段因条件限制，同方向相邻两架指示列车运行的信号机间的距离小于列车规定速度的制动距离时，应采取必要的降级或重复显示措施。

六、出站信号机有两个及以上的运行方向，而信号显示不能分别表示进路方向时，应在信号机上装设进路表示器。

发车进路兼出站信号机，根据需要可装设进路表示器，区分进路方向。

七、车站、线路所、动车段（所）应采用计算机联锁设备。计算机联锁设备具备与列控中心（TCC）、信号集中监测系统、调度集中系统（CTC）或列车调度指挥系统（TDCS）的接口功能，在 CTCS-3 级区段还应具有与无线闭塞中心（RBC）等设备的接口功能。

八、信号设备联锁关系的临时变更或停止使用，须经铁路局批准。

九、站内最小轨道区段长度应满足动车组按该区段线路允许速度运行时列控车载设备可靠工作的条件。

十、根据需要在车站列车进路上的道岔及其联动道岔可设置道岔融雪装置。

道岔融雪装置不得影响道岔和轨道电路的正常工作。

道岔融雪装置应具备手动和自动控制功能。

十一、双线区段自动闭塞设备应具备正方向自动闭塞、反方向自动站间闭塞的功能。

十二、区间及无配线车站占用时不应改变区间方向。无配线车站两端同一条线路的区间方向应保持一致。

第五节　铁路信息系统

一、铁路信息系统是铁路运输生产和经营管理的重要手段。信息系统建设应坚持统一领导、统一规划、统一标准、统一建设、统一管理的原则，做到资源集中、互联互通、信息共享、应用集成、业务协同、安全可靠。

新建和改建铁路建设项目应同期建设配套的信息系统，并同步交付使用。

铁路总公司及铁路局信息化管理部门负责信息化建设与管理，信息技术部门负责信息系统运行维护工作；站、段根据需要设置信息技术部门或专职人员负责信息系统运行维护工作。

二、铁路信息网络由铁路总公司、铁路局、站段三级局域网及其互联的广域网构成。铁路总公司、铁路局局域网分为安全生产网、内部服务网和外部服务网，站段局域网分为安全生产网、内部服务网。直接关系铁路运输生产的信息系统应部署在安全生产网，为铁路内部提供一般性服务的信息系统应部署在内部服务网，为社会提供公共服务的应用系统应部署在外部服务网。

安全生产网与内部服务网间实行逻辑隔离。安全生产网、内部服务网与外部服务网间实行安全隔离。禁止安全生产网和内部服务网直接与互联网连接，禁止外部服务网用户和设备直接访问安全生产网、内部服务网资源。

除国家有特殊要求的，不单独组建铁路业务专网。

第六节 车站及枢纽

一、车站根据业务性质、运量大小及技术作业的需要，设置下列主要设备：

1. 到发线。
2. 折返线。
3. 救援列车停留线、自轮运转特种设备停留线等。
4. 与动车组运用所（简称动车所）、动车段相连接的车站，应设动车组走行线（当设有专用的机车走行线并具有相同进路时，可以合设）。
5. 动车组长期停放的车站应设动车组存车线。
6. 作业车辆停放线。
7. 通信、信号、联锁、闭塞设备。
8. 根据接发列车、调车作业的需要设置隔开设备等安全设施。
9. 机车乘务组、动车组司机及随车机械师、客运乘务组进行中途换乘作业的车站，应配备值班室、休息室和必要的配套设施。

二、旅客站台应为高站台，应设置安全标线和停车位置标，两端应设置防护栅栏，防护栅栏不得侵限，并悬挂禁行标志。

无列车通过或列车通过速度不大于 80 km/h 时，站台边缘距线路中心线的距离为 1 750 mm，安全标线距站台边缘 1 000 mm。列车通过速度大于 80 km/h 时，站台边缘距线路中心线的距离为 1 800 mm，安全标线距站台边缘 1 500 mm，必要时在距站台边缘 1 200 mm 处设置安全防护设施，有 200 km/h 及以上列车通过的须设置屏蔽门、安全门等防护设施；列车通过最高速度不得超过 250 km/h。

应加强站台限界的日常管理，与站台限界有关的侧线线路几何尺寸偏差管理值应按正线管理。

第七节 机车车辆

一、机车按牵引动力方式分为电力机车、内燃机车，传动方式主要有交流传动和直流传动。

二、机车应有识别的标记：路徽、配属局段简称、车型、车号、最高运行速度、制造厂名及日期。在机车主要部件上应有铭牌，在监督器上应有检验标记。电气化区段运行的机车应有"电化区段严禁攀登"的标识。内燃机车燃料箱上应标明燃料油装载量。

机车须配备机车信号、列车运行安全监控系统（LKJ、机车安全信息综合监测装置TAX箱、机车语音记录装置、列车运行状态信息系统车载设备、机车车号识别设备）、车载无线通信设备、机车列尾控制设备等。机车应逐步配备机车车载安全防护系统、机车限鸣示警系统及空气防滑装置等。机车应向车辆的空气制动装置提供风源，具有双管供风装置的机车应向车辆空气弹簧等其他用风装置提供风源；具有直供电设备的机车应向车辆提供电源。

电力机车还应配备自动过分相装置，并根据需要装设弓网检测装置等。

根据需要机车还可配备车内通信、空调、卫生及供氧等设备。

三、机车乘务制度分为包乘制和轮乘制。机车乘务制度由铁路局确定。

四、车辆按用途分为客车、货车及特种用途车（如试验车、发电车、轨道检查车、检衡车等）。

五、车辆应有识别的标记：路徽、车型、车号、制造厂名及日期、定期修理的日期及处所、自重、载重、换长等；车辆应有车号自动识别标签；客车上应有所属局段的简称；客车还应有车种、定员、最高运行速度标记；电气化区段运行的客车应有"电化区段严禁攀登"的标识。

六、动车组应有识别的标记：路徽、配属局段简称、车型、车号、定员、自重、载重、全长、最高运行速度、制造厂名和日期、定期修理日期、修程和处所。动车组应有"电化区段严禁攀登"的标识。

动车组应具有列车运行安全监控功能，对重要的运行部件和功能系统进行实时监测、报警和记录，并能及时向动车段、动车所传输。

动车组须配备机车综合无线通信设备（CIR）、列控车载设备、车载自动过电分相装置等，满足相应速度等级运行需要。

七、动车组列车制动初速度为 200 km/h 时，紧急制动距离限值为 2 000 m；制动初速度为 250 km/h 时，紧急制动距离限值为 3 200 m；制动初速度为 300 km/h 时，紧急制动距离限值为 3 800 m；制动初速度为 350 km/h 时，紧急制动距离限值为 6 500 m。

八、动车组重联或长编组时，工作受电弓间距为 200~215 m。在特殊情况下，工作受电弓间距不满足 200~215 m 时，须校核分相布置与工作受电弓间距匹配情况，并通过上线运行试验确认。

九、动车组实行以走行公里周期为主、时间周期为辅的计划预防修，检修方式以换件修为主，主要零部件采用专业化集中修。动车组修程分为一、二、三、四、五级，检修周期及技术标准按铁路总公司动车组检修规程执行。

第八节 行车组织

一、高速铁路行车组织工作，应根据本规程规定办理。高速铁路需开行货物列车时的行车组织办法由铁路局根据具体设备情况规定。

铁路局应根据本规程规定的原则,结合管内高速铁路具体条件,制定高速铁路《行车组织细则》。京津城际铁路由于设备条件不同,由铁路局根据具体设备情况规定。

二、铁路行车组织工作,必须贯彻安全生产的方针,坚持高度集中、统一领导的原则。运输、机务、车辆、工务、电务、供电、信息、房建等部门要发扬协作精神,主动配合,紧密联系,协同动作,不断提高效率,挖掘运输潜力,完成和超额完成运输任务。

三、列车运行图是铁路行车组织工作的基础。所有与列车运行有关的铁路各部门,必须按列车运行图的要求,组织本部门的工作,以保证列车按运行图运行。

列车运行图应根据客运量、区段通过能力等因素确定列车对数,并符合下列要求:

1. 列车运行、车站间隔、技术作业等时间标准。
2. 迅速、便利地运输旅客。
3. 充分利用通过能力,经济合理地运用机车车辆和安排施工、维修天窗。
4. 做好列车运行线与客流和旅客出行规律的结合。
5. 各站、各区段间的协调和均衡。
6. 合理安排乘务人员作息时间。

机车周转图应与列车运行图同时编制。

四、高速铁路的行车时刻,均以北京时间为标准,从零时起计算,实行 24 小时制。

铁路地面固定设备的系统时钟,当具备条件时,应接入铁路时间同步网;不具备条件时,可独立设置卫星授时设备。

铁路行车房舍内和办理行车工作的有关人员均应备有钟表。钟表的时刻应与调度所的时钟校对。

调度所的时钟及各系统的时钟须定期校准。钟表的配置、校对、检查、修理及时钟校准办法,由铁路局规定。

五、列车运行,原则上以开往北京方向为上行,反之为下行。

各线的列车运行方向,以铁路总公司的规定为准,但枢纽地区的列车运行方向,由铁路局规定。

列车须按规定编定车次。上行列车编为双数,下行列车编为单数。在个别区间,使用直通车次时,可与规定方向不符。

六、遇发生影响行车的设备故障(列车设备故障除外)时,原则上应先处理故障,后组织行车。设备故障暂时无法修复,确需组织行车时,应根据有关行车限制条件组织行车。

七、有暴风雨雪天气或地震,工务、电务、供电等设备管理单位应加强对重点地段和设备的检查。在天窗时间外,检查人员不得进入路肩和桥面范围内,必要时应封锁或限速,并做好防护后再检查。发现影响行车安全时,须及时通知列车调度员限速运行或封锁线路。

八、列车应设有列车乘务组。列车乘务组按下列规定组成:

1. 动车组列车应有动车组司机,其他列车应有机车乘务人员。
2. 动车组列车应有随车机械师,其他旅客列车应有车辆乘务人员。

3. 旅客列车应有客运乘务组。

九、车辆乘务员、客运乘务组等列车乘务人员发现下列危及行车和人身安全情形时，应使用紧急制动阀（紧急制动装置）停车：

1. 车辆燃轴或重要部件损坏。
2. 列车发生火灾。
3. 有人从列车上坠落或线路内有人死伤。
4. 其他危及行车和人身安全必须紧急停车时。

使用车辆紧急制动阀时，不必先行破封，立即将阀手把向全开位置拉动，直到全开为止，不得停顿和关闭。遇弹簧手把时，在列车完全停车以前，不得松手。在长大下坡道上，必须先看制动主管压力表，如压力表指针已由定压下降100 kPa时，不得再行使用紧急制动阀（遇折角塞门关闭时除外）。

动车组列车遇上述情况时，随车机械师、客运乘务组等列车乘务人员应立即报告司机采取停车措施；来不及报告时，应使用客室紧急制动装置停车。

列车乘务人员应将使用紧急制动阀（紧急制动装置）的情况报告司机。

十、严格执行高速铁路主要行车工种岗位准入制度。高速铁路主要行车工种岗位人员的选拔，要按照岗位标准的基本素质要求，严格按条件、程序进行。

十一、行车有关人员，在任职前必须经过健康检查，身体条件不符合拟任岗位职务要求的，不得上岗作业。

在任职期间，要定期进行身体检查，身体条件不符合任职岗位要求的，应调整工作岗位。

十二、行车有关人员，在任职、提职、改职前，必须按照铁路职业技能培训规范和相应岗位培训规范要求，进行拟任岗位资格性培训，并经职业技能鉴定和考试考核，取得相应职业资格证书和岗位培训合格证书后，方可任职。

在任职期间，须按规定参加岗位适应性培训和定期考核鉴定，考核不合格的，不得继续履职。

十三、行车有关人员在执行职务时，必须坚守岗位，穿着规定的服装，佩戴易于识别的证章或携带相应证件，讲普通话。

十四、行车有关人员，接班前须充分休息，严禁饮酒，如有违反，立即停止其所承担的任务。

第九节　编组列车

一、列车应按本规程和列车运行图规定的编挂条件、重量或长度编组。

动车组为固定编组。动车组以外的旅客列车按列车编组表编组，行李车、邮政车、发电车等非乘坐旅客的车辆应分别挂于机车后第一位和列车尾部。

二、旅客列车、回送客车底不准编挂货车，编入的客车车辆最高运行速度等级必须符合该列车规定的速度要求。

旅客列车中，与机车相连接的客车端门及编挂在列车尾部的客车后端门须加锁。动车组驾驶室与旅客乘坐席间的门须锁闭。

三、动车组以外的列车中相互连挂的车钩中心水平线的高度差，不得超过 75 mm。

四、两列动车组重联或解编时，由动车组机械师负责引导，司机确认。动车组重联时，被控动车组应退出占用，主控动车组使用调车模式与被控动车组连接。解编操作时，主控动车组转换为调车模式后，必须一次移动 5 m 以上方可停车。

五、动车组以外的旅客列车应安装列尾装置。特殊情况下，无法安装或使用列尾装置时，应制定具体办法。

六、旅客列车列尾装置尾部主机的安装与摘解、风管及电源的连接与摘解，由车辆部门负责。

七、列尾装置在使用前，必须按规定进行检测，合格后方可投入运用。

八、路用列车尾部可不挂列尾装置。

第十节　信号显示

一、信号是指示列车运行及调车作业的命令，有关行车人员必须严格执行。

信号显示方式及使用方法，应按本规程规定执行。本规程以外的信号显示方式，须经铁路总公司批准，方可采用。

各种信号机和表示器的灯光排列、颜色和外形尺寸，必须符合国家标准、铁道行业标准及铁路总公司规定的标准。

地区性联系用的手信号，由铁路局批准。

二、铁路信号分为视觉信号和听觉信号。

视觉信号的基本颜色：

红色——停车；

黄色——注意或减低速度；

绿色——按规定速度运行。

听觉信号：号角、口笛等发出的音响和机车、动车组、自轮运转特种设备等的鸣笛声。

三、视觉信号分为昼间、夜间及昼夜通用信号。在昼间遇降雾、暴风雨雪及其他情况，致使停车信号显示距离不足 1 000，注意或减速信号显示距离不足 400 m，调车信号及调车手信号显示距离不足 200 m 时，应使用夜间信号。

隧道内只采用夜间或昼夜通用信号。

铁路沿线及站内，禁止设置妨碍确认信号的红、黄、绿色的装饰彩布、标语和灯光。如已装有妨碍确认信号灯光的设备时，应拆除或采取遮光措施。

在规定的信号显示距离内，不得种植影响信号显示的树木。对影响信号显示的树木，其处理办法由铁路局规定。

四、列车运行时，有关人员应遵守下列手信号的显示：

1. 停车信号：要求列车停车。

昼间——展开的红色信号旗；夜间——红色灯光。

昼间无红色信号旗时，两臂高举头上向两侧急剧摇动；夜间无红色灯光时，用白色灯光上下急剧摇动。

2. 减速信号：要求列车降低到要求的速度。

昼间——展开的黄色信号旗；夜间——黄色灯光。

昼间无黄色信号旗时，用绿色信号旗下压数次；夜间无黄色灯光时，用白色或绿色灯光下压数次。

第十一节　听觉信号

一、听觉信号，长声为 3 s，短声为 1 s，音响间隔为 1 s。重复鸣示时，须间隔 5 s 以上。

二、机车、动车组、自轮运转特种设备作业中提示注意、相互联系等应使用通信设备方式。遇联系不通或危及行车人身安全时，应采用鸣笛方式。机车、动车组、自轮运转特种设备鸣笛鸣示方式如表 4.1 所示。

表 4.1　机车、动车组、自轮运转特种设备鸣笛鸣示方式

名称	鸣示方式	使用时机
起动注意信号	一长声 —	1. 列车起动或机车车辆前进时（双机牵引或使用补机时，本务机车鸣笛后，补机应回答，本务机车再鸣笛一长声后起动） 2. 接近鸣笛标、桥梁、隧道、行人、施工地点或天气不良时 3. 电力机车、动车组、轨道车等在检修及整备中，准备降下或升起受电弓时
退行信号	二长声 — —	列车、机车车辆、单机开始退行时
召集信号	三长声 — — —	要求防护人员撤回时
牵引信号	一长一短声 — ·	途中本务机车要求补机牵引运行时（补机应以同样信号回答）
惰行信号	一长二短声 — · ·	本务机车要求补机惰力推进或要求补机断开主断路器时（补机应以同样信号回答）
途中降弓信号	一短一长声 · —	1. 电力机车双机牵引中，本务机车司机要求补机降下受电弓时（补机须以同样信号回答） 2. 电力机车司机在途中发现降弓手信号时，应鸣此信号回示

续 表

名称	鸣示方式	使用时机
途中升弓信号	一短二长声 ·— —	1. 电力机车双机牵引中，本务机车司机要求补机升起受电弓时（补机须以同样信号回答） 2. 电力机车司机在途中发现升弓手信号时，应鸣此信号回示
呼唤信号	二短一长声 ··—	机车要求出入段时
警报信号	一长三短声 —···	发现线路有危及行车安全的不良处所时
试验自动制动机及复示信号	一短声 ·	1. 试验制动机开始减压时 2. 接到试验制动结束的手信号，回答试风人员时 3. 调车作业中，表示已接受调车长所发出的手信号时
缓解信号	二短声 ··	1. 试验制动机缓解时 2. 要求列车乘务组缓解人力制动机时
拧紧人力制动机信号	三短声 ···	1. 要求列车乘务组拧紧人力制动机时 2. 要求就地制动时
紧急停车信号	连续短声 ······	司机发现（或接到通知）邻线发生障碍，向邻线上运行的列车发出紧急停车信号时。邻线列车司机听到此种信号后，应紧急停车

三、口笛、号角鸣示方式如表 4.2 所示。

表 4.2 口笛、号角鸣示方式

用途及时机	鸣示方式	
发车、指示机车向显示人反方向移动	一长声	—
指示机车向显示人方向移动	一短一长声	·—
试验制动机减压	一短声	·
试验制动机缓解	二短声	··
试验制动机结束及安全信号	一短一长二短声	·—··
一道	一短声	·
二道	二短声	··
三道	三短声	···

续 表

用途及时机	鸣示方式	
四道	四短声	‥‥
五道	五短声	‥‥‥
六道	一长一短声	—·
七道	一长二短声	—‥
八道	一长三短声	—‥·
九道	一长四短声	—‥‥
十道	二长声	——
二十道	二短二长声	‥——
十、五、三车距离信号：十车	三短声	···
十、五、三车距离信号：五车	二短声	‥
十、五、三车距离信号：三车	一短声	·
连接及停留车位置	一长一短一长声	—·—
停车	连续短声	······
要求司机鸣笛	二长三短声	——···
试拉	一短声	·
减速	连续二短声	‥ ‥
取消	二长一短声	——·
再显示	二长二短声	——‥
列车接近通报信号：上行	二长声	——
列车接近通报信号：下行	一长声	—

课后复习题

一、填空题

1. 铁路是（　　）大动脉、国家（　　）和大众化（　　），是综合交通运输体系骨干、重要的民生工程和（　　）、（　　）运输方式，在我国经济社会发展中的地位至关重要。

2. 有火灾危险的机车车辆内均须备有（　　）。客车内的茶炉，餐车低压锅炉、炉灶须有（　　）。餐车低压锅炉还须有（　　）。

3. 信号机按用途分为（　　）、出站、（　　）、进路、复示、（　　）等。

4. 动车组消防安全监察工作由（　　）部门负责。

5. 动车组消防工作在（　　）的统一领导下实行岗位防火责任制。

6. 信号设备联锁关系的临时变更或停止使用，须经（　　）批准。

7. （　　）是铁路运输生产和经营管理的重要手段。

8. 信息系统建设应坚持（　　）、统一规划、（　　）、统一建设、（　　）的原则，做到资源集中、互联互通、（　　）、应用集成、业务协同、（　　）。

9. 旅客站台应为（　　），应设置安全标线和（　　），两端应设置防护栅栏，防护栅栏不得侵限，并悬挂（　　）。

10. 机车按牵引动力方式分为（　　），传动方式主要有（　　）。

11. 机车乘务制度分为（　　）。机车乘务制度由（　　）确定。

12. 车辆按用途分为（　　）及特种用途车（　　）。

13. 铁路行车组织工作，必须贯彻（　　）的方针，坚持（　　）的原则。

14. （　　）是铁路行车组织工作的基础。

15. 铁路行车房舍内和办理行车工作的有关人员均应备有（　　）。

16. 旅客列车、回送客车底不准编挂（　　），编入的客车车辆最高运行速度等级必须符合该列车规定的（　　）。

17. 旅客列车中，与机车相连接的客车端门及编挂在列车尾部的客车后端门须（　　）。动车组驾驶室与旅客乘坐席间的门须（　　）。

18. 信号是指示列车运行及（　　）的命令，有关行车人员必须（　　）。

19. 视觉信号分为（　　）通用信号。

20. 昼间无红色信号旗时，两臂高举头上向（　　）急剧摇动；夜间无红色灯光时，用（　　）上下急剧摇动。

二、判断题（对的打"√"，错的打"×"）

1. 铁路运输具有高度集中的特点，各工作环节须紧密联系、协同配合。（　　）

2. 机车车辆停车及检修库、油脂库、洗罐所、通信信号机械室、计算机机房、牵引变电所控制室及为客运服务的建（构）筑物等主要处所，均须备有完好的灭火器。（　　）

3. 新建350 km/h及以上铁路、长度超过1 km的隧道及隧道群地段，可采用无砟轨道。（　　）

4. 轨距是钢轨头部踏面下16 mm范围内两股钢轨工作边之间的最小距离。（　　）

5. 钢轨伸缩调节器应铺设在曲线上，避免与竖曲线重叠。（　　）

6. 调车、矮型进站、矮型出站、矮型进路、矮型通过、复示信号机，引导信号及各种表示器，不得小于200 m。（　　）

7. 铁路信息网络由铁路总公司、铁路局二级局域网及其互联的广域网构成。（　　）

8. 动车组实行以走行公里周期为主、时间周期为辅的计划预防修，检修方式以换件修为主，主要零部件采用专业化集中修。（　　）

9. 高速铁路的行车时刻，均以北京时间为标准，从零时起计算，实行 12 小时制。（　　）

10. 钟表的配置、校对、检查、修理及时钟校准办法，由站段规定。（　　）

11. 旅客列车列尾装置尾部主机的安装与摘解、风管及电源的连接与摘解，由车辆部门负责。（　　）

12. 听觉信号是号角、口笛等发出的音响和机车、动车组、自轮运转特种设备等的鸣笛声。（　　）

13. 隧道内只采用昼间或昼夜通用信号。（　　）

14. 听觉信号，长声为 3 s，短声为 1 s，音响间隔为 1 s。重复鸣示时，须间隔 10 s 以上。（　　）

三、单项选择题

1. 《铁路技术管理规程》适用于（　　）。
　　A. 地方铁路　　B. 国家铁路　　C. 合资铁路　　D. 铁路专用线

2. 桥长超过（　　）时，应每隔约 3 km（单侧约 6 km）在线路两侧交错设置 1 处可上下桥的救援疏散通道，并设置防护门。
　　A. 3 km　　B. 4 km　　C. 5 km　　D. 6 km

3. 长度超过（　　）的隧道或隧道群，应设置紧急救援站。
　　A. 10 km　　B. 20 km　　C. 30 km　　D. 40 km

4. 直线轨距标准为（　　）。
　　A. 700 mm　　B. 1 000 mm　　C. 1 435 mm　　D. 1 500 mm

5. 高柱进站、高柱通过信号机，正常情况下的显示距离不得小于（　　）。
　　A. 800 m　　B. 1 000 m　　C. 1 100 m　　D. 1 00 m

6. 高柱出站、高柱进路信号机，不得小于（　　）。
　　A. 800 m　　B. 1 000 m　　C. 1 100 m　　D. 1 200 m

7. 动车组列车制动初速度为 200 km/h 时，紧急制动距离限值为（　　）
　　A. 800 m　　B. 1 000 m　　C. 1 500 m　　D. 2 000 m

8. 制动初速度为 250 km/h 时，紧急制动距离限值为（　　）
　　A. 1 000 m　　B. 1 200 m　　C. 2 200 m　　D. 3 200 m

9. 制动初速度为 300 km/h 时，紧急制动距离限值为（　　）。
　　A. 2 000 m　　B. 2 200 m　　C. 3 200 m　　D. 3 800 m

10. 制动初速度为 350 km/h 时，紧急制动距离限值为（　　）。
　　A. 2 000 m　　B. 3 200 m　　C. 3 800 m　　D. 6 500 m

11. 动车组重联或长编组时，工作受电弓间距为（　　）。

A. 100~200 m　　B. 150~215 m　　C. 200~215 m　　D. 250~315 m

12. 动车组以外的列车中相互连挂的车钩中心水平线的高度差，不得超过（　　）。

A. 65 mm　　B. 75 mm　　C. 85 mm　　D. 95 mm

13. 一长声——（　　）

A. 起动注意信号　B. 退行信号　C. 召集信号　D. 牵引信号

14. 二长声——（　　）

A. 起动注意信号　B. 退行信号　C. 召集信号　D. 牵引信号

15. 三长声——（　　）

A. 起动注意信号　B. 退行信号　C. 召集信号　D. 牵引信号

16. 二短一长声——（　　）

A. 起动注意信号　B. 退行信号　C. 召集信号　D. 呼唤信号

17. 一长三短声——（　　）

A. 警报信号　　B. 退行信号　C. 召集信号　D. 呼唤信号

18. 连续短声——（　　）

A. 警报信号　　B. 紧急停车信号　C. 召集信号　D. 呼唤信号

19. 三短声——（　　）

A. 警报信号　　B. 紧急停车信号　C. 紧急停车信号　D. 呼唤信号

四、简答题

1. 铁路线路分为几种？分别是什么？
2. 机车应有哪些识别的标记？
3. 车辆应有哪些识别的标记？
4. 动车组应有哪些识别的标记？
5. 列车运行上下行是如何规定的？
6. 列车应设有列车乘务组。列车乘务组按哪些规定组成？
7. 车辆乘务员、客运乘务组等列车乘务人员发现哪些危及行车和人身安全情形时，应使用紧急制动阀（紧急制动装置）停车？
8. 使用车辆紧急制动阀的方法是如何规定的？
9. 铁路信号分为几种？其具体内容是什么？

第二部分 应急处置

第五章 高速铁路客运非正常情况下的应急处置措施

第一节 动车组列车发生火灾、爆炸时的应急处置措施

1. 动车组列车工作人员（含司机、随车机械师、乘警、客运、餐饮、保洁等人员，下同）发现或接到旅客反映车厢内有爆炸、明火、冒烟或消防设施报警时，应立即到现场查看、施救（司机除外）并通知列车长。列车长接到通知后，应会同随车机械师、乘警根据具体情况，采取相应的措施进行处置。在扑救火灾时，列车乘务人员应保护好现场，并采取措施做好宣传工作，稳定旅客情绪，维持秩序，以免发生混乱。

2. 在确认爆炸后，列车工作人员应立即使用紧急制动阀停车（火情小能处置的可不使用制动阀），同时列车长（或随车机械师）立即通知司机。停车后，司机应立即向列车调度员或车站值班员报告，配合列车长、随车机械师、乘警进行火灾扑救、旅客疏散等工作。有制动停放装置的由司机负责实施防溜，无制动停放装置的由随车机械师做好防溜、防护工作。

3. 列车长应立即指挥列车所有的工作人员进行处置，乘警、随车机械师等列车工作人员应积极配合；同时组织事故车厢的旅客向其他车厢疏散。

4. 待全部人员向安全车厢疏散完毕，火势仍未得到有效控制，需向地面疏散时，列车长应立即通知司机、随车机械师或其他列车工作人员关闭通道阻火门。司机根据列车长的请求，向列车调度员报告，请求向地面疏散，现场救援。

5. 组织旅客疏散时，必须扣停邻线列车。司机在接到列车调度员已扣停邻线列车的口头指示后，立即通知列车长，列车长接到司机通知后应立即指挥列车工作人员打开车门，根据需要安装好应急梯，组织旅客向地面安全地带疏散。

6. 列车工作人员应组织好旅客有序疏散，并照顾好重点旅客确保人员安全。

7. 要动员旅客中的医护人员和列车工作人员对受伤人员开展紧急救护，并做好对重点旅客的服务工作。

8. 列车工作人员应积极配合公安部门保护好事故现场，协助公安人员调查取证。

9. 如遇火灾危及旅客安全，又未能及时接到扣停邻线列车的命令，列车长应会同司机，组织列车工作人员打开运行方向左侧车门（无线路一侧），结合现场实际，确定旅客疏散方向和疏散方式，列车工作人员应做好旅客安全宣传和防护，严禁旅客跨越线路。

10. 遇上述应急状况发生时，由调度所客运调度员通知客服中心解答口径，以便客服

代表回复旅客的咨询和投诉。

动车组列车发生火灾、爆炸时的应急处置流程如图 5-1 所示。

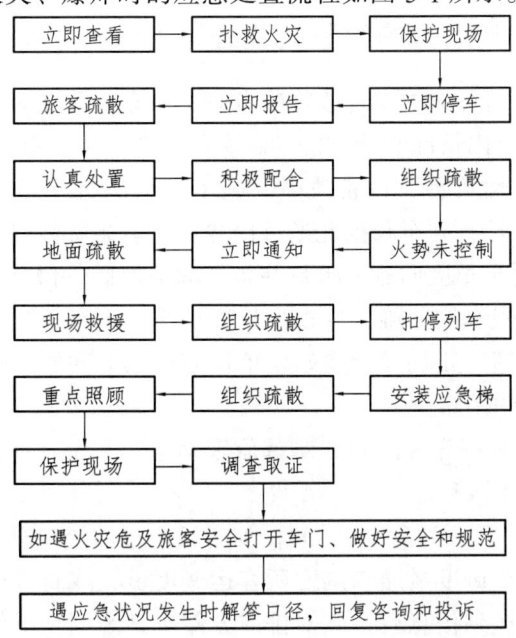

图 5-1　动车组列车发生火灾、爆炸时的应急处置流程

第二节　车站发生火灾、爆炸事故时的应急处置措施

1. 车站工作人员发现或接到旅客反映站内有爆炸、明火、冒烟或消防设施报警时，应立即报火警并向车站值班干部报告。车站值班干部通知有关人员立即到现场确认和处置，同时赶赴现场。

2. 在确认火灾、爆炸后，车站值班干部负责现场指挥救援，并将事故情况首先上报铁路局客运调度，之后将事故情况逐级上报。

3. 现场工作人员应组织旅客安全有序地撤离事故现场，同时做好受伤人员的紧急救护和重点旅客的服务工作。

4. 车站工作人员应配合公安部门保护好事故现场，并积极协助调查取证。

车站发生火灾、爆炸事故时的应急处置流程如图 5-2 所示。

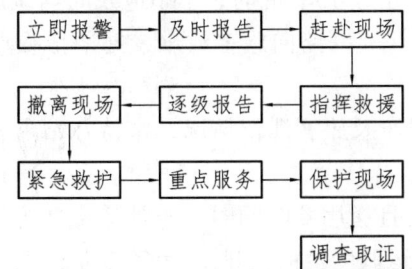

图 5-2　车站发生火灾、爆炸事故时的应急处置流程

第三节 动车组列车晚点时的应急处置措施

一、动车组列车晚点时的应急处置程序

1. 动车组在始发及运行途中出现故障晚点时，列车长要及时联系所在局客运调度，了解晚点原因等，报告车内情况和请求协助解决的问题，组织乘务员积极主动做好服务。所在局客运调度根据自然灾害、设备故障、施工等情况将晚点原因及预计晚点时间在 15 min 内告知值乘列车长，列车长据此通过广播向旅客告知故障原因和预计晚点时间。晚点超过 15 min 时，列车长应向旅客致歉并告知故障原因，做好解释工作。乘警应与列车长密切配合，经常巡视车厢，维持好车内治安秩序。列车长要了解和掌握旅客提出的要求，并向路局进行反馈，路局及沿途站车单位应尽全力向旅客提供帮助，解决因列车故障及晚点给旅客带来的困难。

2. 列车工作人员应加强车厢巡视，掌握旅客动态，并做好宣传、解释、服务工作，稳定旅客情绪，维护好车内秩序。

3. 列车晚点 1 h 及以上且逢用餐时间，列车长应提前统计车上旅客人数，通过司机向列车调度员报告，列车调度员通知调度所客运调度员，或直接向调度所客运调度员报告，调度所客运调度员接到信息后，应安排前方停车站为列车提供饮食品，列车免费为旅客提供。

动车组列车晚点时的应急处置流程如图 5-3 所示。

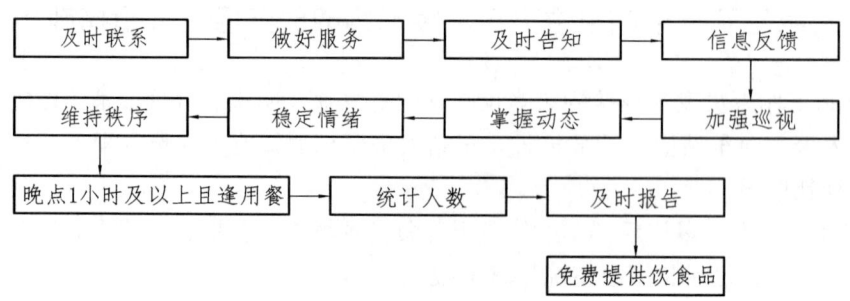

图 5-3 动车组列车晚点时的应急处置流程

二、晚点时车站的应急处置程序

1. 动车组列车运行晚点超过 15 min 时，车站应及时与调度所客运调度员联系，了解晚点原因和列车运行情况，代表铁路向旅客致歉，并通报晚点原因，每次致歉间隔时间不超过 20 min。

2. 车站应掌握售票、候车及旅客滞留情况，维持好站内秩序，并立即向客运主管部门报告。

3. 列车晚点 1 h 及以上且逢用餐时间时，车站应免费为等候该次动车组列车的旅客提供饮食品；并按调度所客运调度员的安排，为晚点动车组列车提供饮食品。

4. 车站应加强宣传及列车运行信息公告，积极地为旅客办理退票、改签等工作。

5. 遇上述应急状况发生时，由调度所客运调度员通知客服中心解答口径，以便客服代表回复旅客的咨询和投诉。

晚点时车站的应急处置流程如图 5-4 所示。

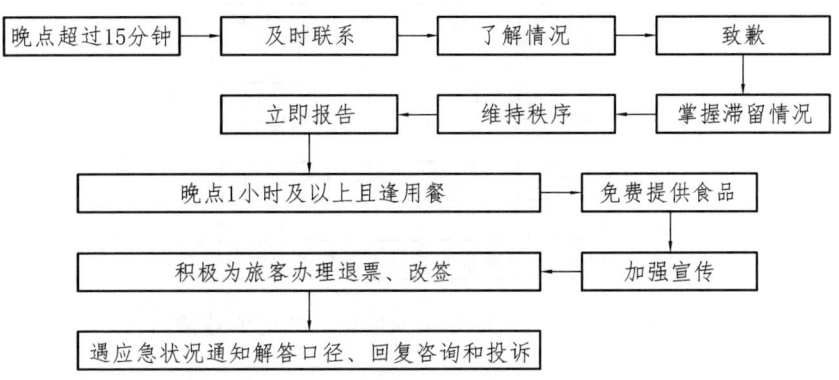

图 5-4　晚点时车站的应急处置流程

第四节　站车发生重大疫情时的应急处置措施

一、动车组列车发生重大疫情时的应急处置程序

1. 动车组列车发现疑似鼠疫、霍乱等重大疫情的病例或接到动车组列车上有疑似病例的通知时，列车长、乘警应立即向司机和上级主管部门报告，司机向列车调度员报告，列车调度员立即向值班主任报告，值班主任立即向铁路疾控部门报告。

2. 列车调度员根据铁路局有关部门确定的处置方案，安排动车组在指定车站停车。列车长接到司机指定站停车的通知后，做好疾控人员上车和疑似病例交站等相关准备工作，车站及铁路疾控部门做好接车紧急处置准备。

3. 列车长、乘警应组织隔离传染病人、疑似病人和密切接触者，紧急疏散其他旅客，并对有关人员进行登记。

4. 列车长、乘警应组织封锁已经污染或可能污染的区域，同时做好被隔离人员的交站准备。

5. 列车长在指定停车站将传染病人、疑似病人、密切接触者和其他需要跟踪观察的旅客及相关资料移交车站和铁路疾控部门。

6. 乘警应维护好车内秩序，确保区域封锁、旅客隔离、站车移交等工作正常开展。

7. 铁路疾控部门应上车对已经污染或可能污染的区域进行消毒。铁路疾控部门确认处置完毕后，方可解除区域封锁。

8. 站车应积极配合现场的医疗和疾控部门工作。

9. 遇上述应急状况发生时，由调度所客运调度员通知客服中心解答口径，以便客服代表回复旅客的咨询和投诉。

动车组列车发生重大疫情时的应急处置流程如图 5-5 所示。

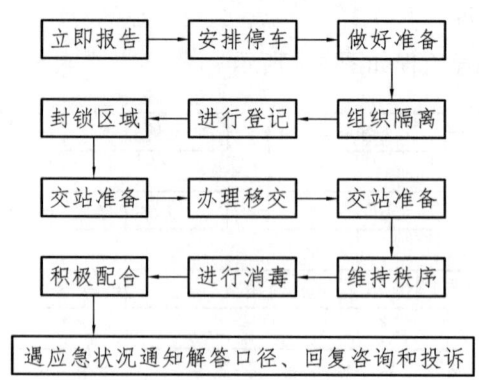

图 5-5　动车组列车发生重大疫情时的应急处置流程

二、车站发生重大疫情时的应急处置流程

1. 车站发现疑似鼠疫、霍乱等重大疫情的病例或接到车站有疑似病例的通知时，应立即向铁路疾控部门报告。

2. 车站应隔离传染病人、疑似病人和密切接触者，紧急疏散其他旅客，并对有关人员进行登记。

3. 车站应封锁已经污染或可能污染的区域，由铁路疾控人员对该区域进行消毒。

4. 车站应将传染病人、疑似病人和密切接触者以及其他需要跟踪观察的旅客及资料移交铁路疾控部门。铁路疾控部门确认处置完毕后，方可解除区域封锁。

5. 公安部门应维护好站内秩序，确保区域封锁、旅客隔离和疏散等工作正常开展。

6. 车站应积极配合现场的医疗和疾控部门工作。

7. 遇上述应急状况发生时，由调度所客运调度员通知客服中心解答口径，以便客服代表回复旅客的咨询和投诉。

车站发生重大疫情时的应急处置流程如图 5-6 所示。

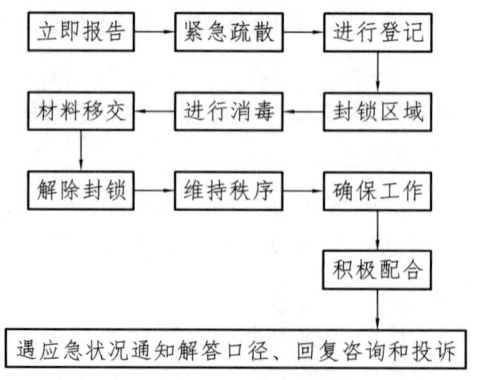

图 5-6　车站发生重大疫情时的应急处置流程

第五节 站车发生旅客食物中毒事件时的应急处置措施

一、动车组列车发生旅客食物中毒事件时的应急处置程序

1. 动车组列车发生旅客疑似食物中毒事件,列车长应立即向司机和上级主管部门报告,司机向列车调度员报告,列车调度员立即向值班主任报告,值班主任通知铁路疾控部门。

2. 旅客需要紧急救治需停站处置时,列车调度员应安排动车组在最近具备医疗抢救条件的车站停车,并通知前方停车站做好抢救准备。

3. 列车工作人员应对有关人员进行登记,封锁现场,封存可疑食品、饮用水、食具用具等。铁路疾控部门应上车收集中毒人员的呕吐物、排泄物待查。

4. 站车应积极配合现场的医疗和疾控部门、卫生监督部门工作。

5. 遇上述应急状况发生时,由调度所客运调度员通知客服中心解答口径,以便客服代表回复旅客的咨询和投诉。

动车组列车发生旅客食物中毒事件时的处置流程如图5-7所示。

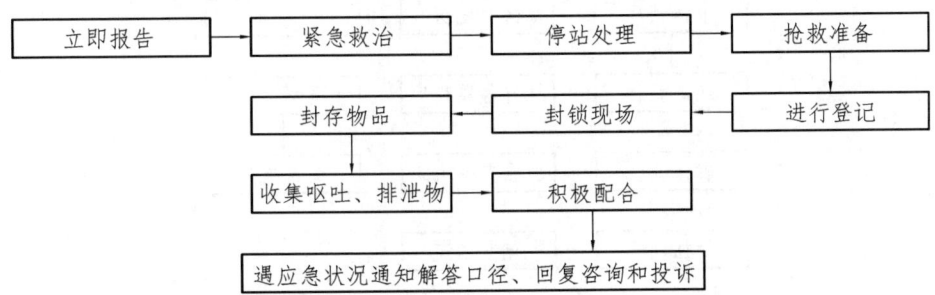

图5-7 动车组列车发生旅客食物中毒事件时的应急处置流程

二、车站发生旅客食物中毒事件时的应急处置程序

1. 车站发生旅客疑似食物中毒事件,应立即向铁路疾控部门和卫生监督部门报告。

2. 车站应对有关人员进行登记,封锁现场,封存可疑食品、食具用具等。铁路疾控部门应收集中毒人员的呕吐物、排泄物待查。

3. 车站应积极配合现场的医疗和疾控部门、卫生监督部门工作。

4. 遇上述应急状况发生时,由调度所客运调度员通知客服中心解答口径,以便客服代表回复旅客的咨询和投诉。

车站发生旅客食物中毒事件的应急处置流程如图5-8所示。

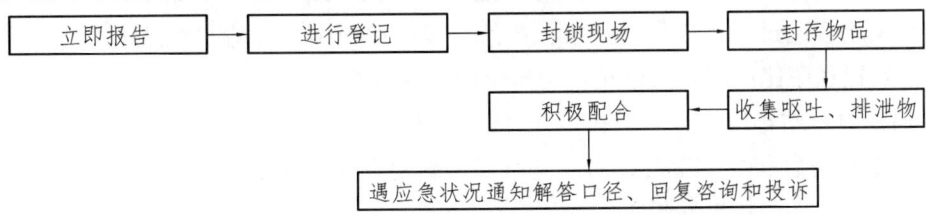

图5-8 车站发生旅客食物中毒事件时的应急处置流程

第六节　车站突发大客流时的应急处置措施

1. 车站突发大客流时，应立即组织力量上岗维护好车站秩序，并通知铁路公安部门，铁路公安部门应增派警力协助车站维护秩序，必要时车站应请求地方政府、公安部门给予支援。同时向上级主管部门报告。

2. 车站应协调地方政府，利用电视、广播、报纸等媒体广泛宣传，引导旅客理性选择出行交通工具。

3. 车站应增开售票窗口，并维护好售票秩序。

4. 车站应加强候车组织，充分利用候车能力，做好重点旅客服务工作，必要时可"以车代候"。

5. 加强乘降组织，重点部位安排专人引导、防护，确保旅客进出站、上下车的安全。

6. 铁路局加强运输设备和能力调配，组织加开列车，及时疏散客流。

车站突发大客流时的应急处置流程如图 5-9 所示。

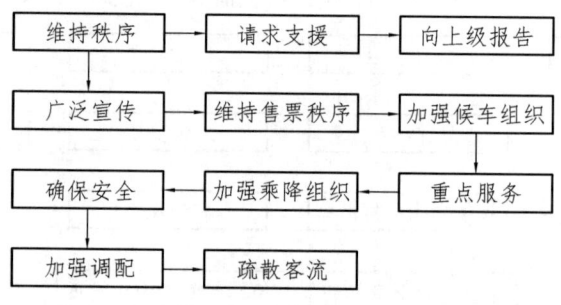

图 5-9　车站突发大客流时的应急处置流程

第七节　动车组列车故障需启用热备动车组的应急处置措施

一、站内换乘热备动车组的处置程序

1. 遇动车组车体定员变化时，客票管理所负责预留替换席位，车站应及时按照替换方案为涉及定员变化的旅客收回原票、换发新票。一等座变更二等座时退还票价差额，二等座变更一等座时不向旅客补收票款。旅客要求退票或改乘其他列车时，车站应及时为旅客办理退票、改签等手续。

2. 故障车停靠站台时，换乘时应尽可能安排在同一站台面，不能在同一站台面换乘时，应组织旅客通过天桥或地道换乘，严禁跨越股道换乘。故障车在站内没有停靠站台时，换乘处置程序比照区间换乘热备动车组的处置程序办理。

3. 换乘时，站车应认真组织验票，严禁持其他车次车票的旅客上车。

4. 遇上述应急状况发生时，由调度所客运调度员通知客服中心解答口径，以便客服代表回复旅客的咨询和投诉。

站内换乘热备动车组的处置流程如图 5-10 所示。

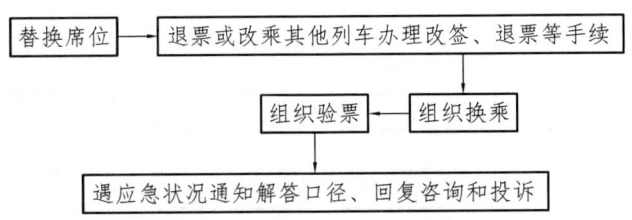

图 5-10　站内换乘热备动车组的处置程序

二、区间换乘热备动车组的处置程序

1. 列车长接到司机转达的组织旅客换乘热备动车组的命令时，应立即向列车工作人员传达，列车工作人员应检查车内情况，坚守岗位。

2. 列车应向旅客通告换乘的决定，告知安全注意事项，并对列车不能如期运行给旅客出行造成的不便，列车长应代表铁路部门向旅客致歉，并感谢旅客的配合，做好后续服务工作，取得旅客的支持与谅解。

3. 救援动车组列车到达指定位置，由现场救援指挥负责人统一指挥，救援动车组司机和列车长负责对准故障动车组车门。救援动车组停稳后，救援动车组司机通知救援动车组列车长和被救援动车组列车长，救援动车组列车长与被救援动车组列车长联系确认后组织乘务组人员手动打开指定车厢车门（随车机械师配合），放置好过渡板（未配置渡板的动车组除外），会同公安、客运等应急人员共同做好防护、组织旅客有序换乘。对由于线路、动车组重联等无法实现各车厢车门对位时，应使用应急梯。安设 2 个及以下应急梯或渡板时，救援动车组列车长负责组织放置；放置超过 2 个应急梯或渡板时，救援动车组列车长负责组织放置 2 个，被救援动车组列车长负责组织放置其他应急梯或渡板。

4. 换乘过程中，动车组禁止移动。旅客换乘完毕，被救援动车组列车长组织乘务组人员对全列进行检查确认后，通知救援动车组列车长换乘完毕。救援动车组列车工作人员将应急梯或渡板收好定位存放，列车长确认所有工作人员及旅客均已上车后，关闭车门并报告救援动车组司机具备开车条件。被救援动车组乘务组人员将应急梯或渡板收好定位存放，关闭车门并报告被救援动车组司机。

在隧道内换乘时，需开启隧道应急照明时，列车长通过司机向列车调度员提出开启隧道应急照明请求，列车调度员通知相关工务段操作开启隧道内的应急照明装置（龙嘉机场隧道内应急照明装置为龙嘉站操作），隧道内的应急照明装置应设置远动开关。

5. 遇上述应急状况发生时，由调度所客运调度员通知客服中心解答口径，以便客服代表回复旅客的咨询和投诉。

区间换乘热备动车组的处置流程如图 5-11 所示。

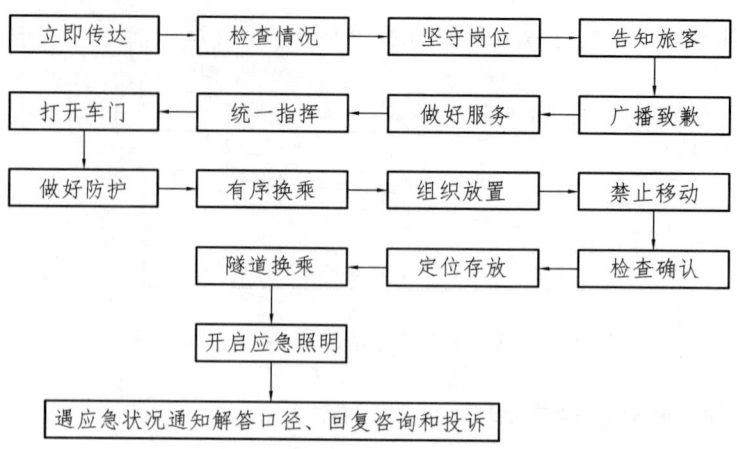

图 5-11　区间换乘热备动车组的处置流程

第八节　恶劣天气下客运组织应急处置措施

因恶劣天气（含暴雨、大雾、大雪、冰雹、台风等）影响动车组列车正常运行，调度所客运调度员应及时通知客运管理部门及沿线车站及滞留列车，客运管理部门应了解现场情况，指挥应急处置，站车及时公告旅客并致歉。

一、恶劣天气下动车组列车应急处置程序

1. 列车长接到调度所客运调度员或上级主管部门动车组列车因恶劣天气影响非正常运行的通知后，应立即了解车内情况，加强对重点旅客的服务。出现异常情况及时向调度所客运调度员或上级主管部门报告。

2. 列车长应与司机或滞留地所在路局调度所客运调度员保持联系，了解动车组列车的运行情况，及时向旅客通报。

3. 动车组列车应备足餐食和饮用水，确保供应。需补充餐食和饮用水时，列车长应向滞留地所在路局调度所客运调度员或通过司机向列车调度员报告，指定车站为动车组列车补充餐食和饮用水。

4. 遇上述应急状况发生时，由调度所客运调度员通知客服中心解答口径，以便客服代表回复旅客的咨询和投诉。

动车组列车应急处置流程如图 5-12 所示。

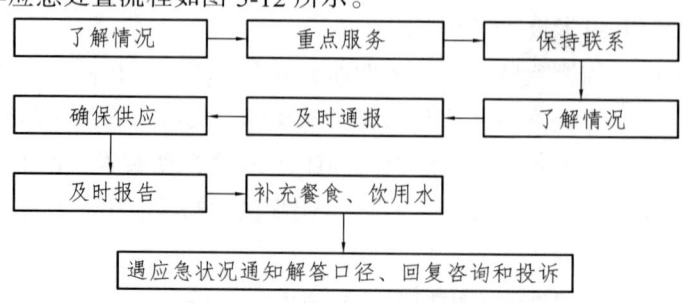

图 5-12　恶劣天气下动车组列车应急处置流程

二、恶劣天气下车站应急处置程序

1. 车站应及时公告动车组列车因恶劣天气影响非正常运行的情况。售票处、候车室、问询处等服务处所做好对旅客的宣传和服务工作。
2. 车站应及时增开退票和改签窗口，为旅客办理退票、改签等手续。
3. 车站公安派出所应协助客运部门维护好售票、候车、乘降等秩序。
4. 车站应根据安排，及时为动车组列车提供餐食和饮用水。
5. 遇上述应急状况发生时，由调度所客运调度员通知客服中心解答口径，以便客服代表回复旅客的咨询和投诉。

车站应急处置流程如图 5-13 所示。

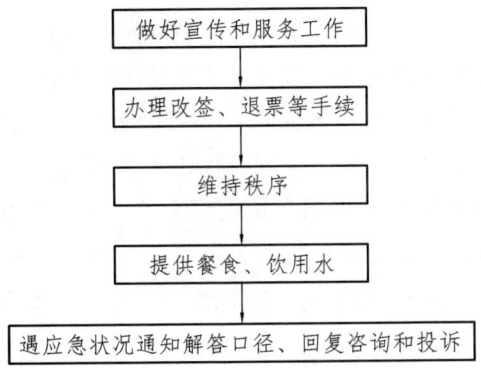

图 5-13 恶劣天气下车站应急处置流程

第九节 列车运行中遇有旅客因伤、病必须临时停车抢救时的应急处置措施

动车组司机接到列车长请求后，立即向列车调度员或车站值班员报告，报告内容包括是否需要前方车站 120 到站抢救。列车调度员要及时安排列车在前方有医疗条件车站临时停车，列车调度员或车站值班员根据司机请求通知 120 到站实施抢救。

列车运行中遇有旅客因伤、病必须临时停车抢救时的应急处置流程如图 5-14 所示。

图 5-14 临时停车抢救时的应急处置流程

第十节 发现或接到客运站接触网断线报告时的应急处置措施

当车站、公安派出所发现或接到客运站接触网断线报告时，车站工作人员、公安民警要迅速在导线断线地点周围设置警戒区，确保人员远离断线地点 10 m 以外。并及时通知设备管理部门，设备管理部门应立即进行处置。

发现或接到客运站接触网断线报告时的应急处置流程如图 5-15 所示。

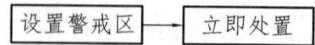

图 5-15 接触网断线报告时的应急处置流程

第十一节 动车组空调失效时的应急处置措施

1. 动车组空调装置故障超过 20 min，且应急通风功能失效或无法满足要求，随车机械师及时通知列车长。列车长视车内温度及通风情况做出打开车门决定，并通知动车组司机转报列车调度员。

2. 需要打开列车部分车门运行时，列车长通知动车组司机向列车调度员提出在前方客运站停车请求。

3. 列车长根据动车组乘务人员配置情况，组织打开运行方向左侧（非会车侧）4~8 个车厢前门，并在车门处安装防护网。需要打开车门时，列车长根据需要打开车门数量通知随车机械师准备好防护网，并指派保洁员到存放处领取防护网，防护网的安装在列车长的组织下，由乘警、随车机械师、餐饮、保洁人员配合。

4. 在停车站，防护网安装后，由列车长组织乘警、随车机械师、添乘干部、餐售、保洁人员负责值守，严禁旅客自行下车。动车组乘警在第一时间通知前方停车站（区间）所属公安处，由公安处负责第一时间通知停车站（区间）所属派出所指派警力，配合动车组工作人员。

5. 列车长确认值守人员到位，列车长确认防护网固定状态和动车组状态后，通知动车组司机。动车组司机向列车调度员申请打开车门限速运行的调度命令。列车调度员向沿途各站及司机下达打开车门限速运行的调度命令。

动车组空调失效时的应急处置流程如图 5-16 所示。

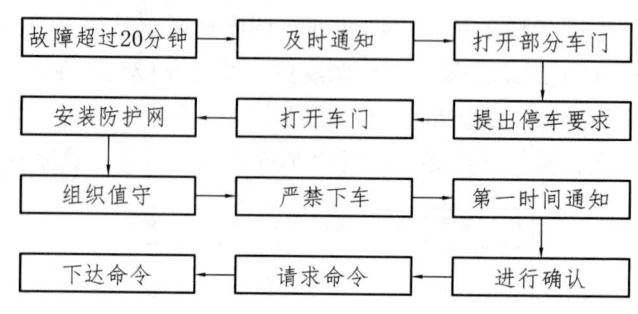

图 5-16 动车组空调失效时的应急处置流程

第十二节 动车组列车发生烟火报警时的应急处置措施

发生烟火报警时，随车机械师、列车长和乘警根据司机通知立即到报警车厢查实确认，查看指定车厢的客室、卫生间，随车机械师重点查看电气设备。若发生客室或设备火情，列车长或随车机械师立即通知司机按规定实施制动停车，并启动应急预案进行处理；若确认因吸烟等非火情导致烟火报警时，由随车机械师做好恢复处理，乘警依法调查，并向旅客通告。

动车组列车发生烟火报警时的应急处置流程如图 5-17 所示。

图 5-17 发生烟火报警时的应急处置流程

第十三节 客运办理站长时间滞留，遇紧急情况需临时开启车门时的应急处置措施

1. 动车办理站长时间滞留时，遇旅客提出取消行程、应急送餐或下交疾病旅客等紧急情况需临时开启车门时，列车长应及时与司机、随车机械师沟通，视情况做出打开车门决定并明确开门位置，通知司机转报列车调度员（非集控站报车站值班员），同时通知车站客运值班员开门决定及开门位置。动车组重联时，由前组列车长负责相关联控事宜。

2. 车站接到列车长开门决定及开门位置通知后，应安排客运人员提前到达站台指定开门位置，滞留站站台为低站台时，车站应准备乘降设施并做好旅客下车后的后续处置；列车长应确认下车人数，开具客运记录，做好站车交接。

3. 列车长组织列车员在随车机械师的配合下打开指定位置车门，并将开启的车门进行隔离操作。客运乘务人员应会同乘警（无乘警的为安全员）做好开门处的秩序维护及盯控，防止其他旅客下车。

4. 乘降完毕或餐食配送完成后，客运乘务人员应及时关闭车门，并由列车长通报随车机械师、动车组司机和车站客运值班员，动车组司机同时转报列车调度员（非集控站报车站值班员）。

客运办理站长时间滞留，遇紧急情况需临时开启车门时的应急处置流程如图 5-18 所示。

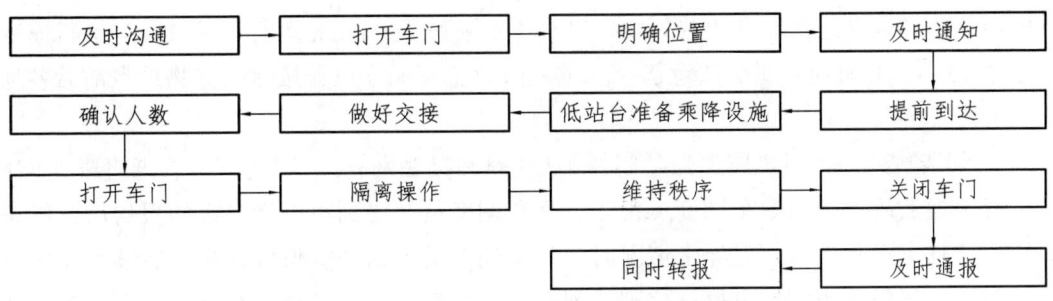

图 5-18 临时开启车门时的应急处置流程

第十四节 高速铁路上列车碰撞异物时的应急处置措施

1. 列车运行中碰撞异物影响行车安全时，司机应立即采取停车措施，并向列车调度

员报告碰撞异物地点、碰撞异物情况及停车地点，动车组列车司机还应通知随车机械师（其他旅客列车司机还应通知车辆乘务员）。列车调度员立即通知本线已进入区间的后续列车停车，不再向该区间放行后续列车。司机根据情况确定是否需要下车检查。需下车检查时，列车调度员根据司机请求及时发布邻线列车限速调度命令，司机在接到列车调度员已发布相关调度命令的口头指示后，下车检查（动车组列车通知随车机械师下车检查；旅客列车司机和车辆乘务员共同检查，司机负责检查机车及邻近区域，车辆乘务员负责检查车辆及邻近区域，车辆乘务员检查完毕后，将检查情况通知司机）。需要下车检查时按以下规定执行：

（1）经检查列车可以继续运行时，恢复运行（动车组列车按随车机械师的要求运行；旅客列车由司机和车辆乘务员共同商定运行限制），司机向列车调度员报告检查情况。如检查未发现异常情况，列车调度员向本线后续首列发布口头指示限速 160 km/h 运行（后续首列运行速度不超过 160 km/h 时通知司机注意运行），限速（注意运行）位置按碰撞异物地点前后各加 2 km 确定，列车司机应加强瞭望，确认线路和接触网有无异常状态，在通过限速（注意运行）地点后立即向列车调度员报告，列车调度员在得到司机无异常的报告后，组织本线后续列车恢复正常运行，同时列车调度员通知相关机务段、动车段、车辆段派胜任人员到前方适当的车站复查；有异常情况时，列车调度员根据司机报告，扣停后续列车并及时通知有关部门按规定上道检查处理，列车调度员根据有关部门在车站《行车设备检查登记簿》内登记的放行列车条件，组织放行后续列车。

（2）经下车检查确认不能继续运行时应及时请求救援，并按规定进行防护。列车调度员通知有关部门按规定上道检查处理。

2. 异物侵入邻线影响邻线行车安全时，列车调度员接到司机报告后，应立即通知邻线尚未经过该地点的列车停车，不再向邻线该区间放行后续列车，并通知有关部门按规定上道检查处理。

3. 碰撞异物情况不明，不能确定是否影响邻线时，列车调度员接到司机报告后，应立即向邻线尚未经过该地点的首列发布口头指示限速 160 km/h 运行（后续首列运行速度不超过 160 km/h 时通知司机注意运行），限速（注意运行）位置按碰撞异物地点前后各加 2 km 确定。

4. 邻线首列列车司机应加强瞭望，确认线路和接触网有无异常状态，在通过限速（注意运行）地点后立即向列车调度员报告，列车调度员在得到司机无异常的报告后，组织邻线后续列车正常运行。有异常情况时，列车调度员根据司机报告，扣停后续列车并及时通知有关部门按规定上道检查处理，列车调度员根据有关部门在车站《行车设备检查登记簿》内登记的放行列车条件，组织放行后续列车。

5. 列车运行中碰撞异物，机车司机（动车组为随车机械师）和车辆乘务员在入库时及时报告，有关单位要组织全面检查。需在其他铁路局整备时，机车司机（动车组为随车机械师）和车辆乘务员提前报告所属段主动联系负责整备的单位复查。

高速铁路上列车碰撞异物时的应急处置流程如图 5-19 所示。

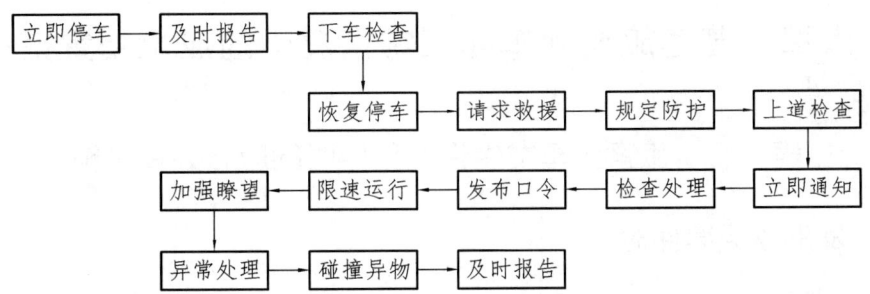

图 5-19　高速铁路上列车碰撞异物时的应急处置流程

第六章 普速旅客列车非正常情况下的应急处置措施

第一节 旅客列车发生治安案件时的应急处置措施

一、发生政治案件时

1. 立即报告。报告列车长、乘警及时赶赴现场。
2. 调查取证。协助乘警保护现场，严禁无关人员进入现场；锁定重点人，维护车厢秩序，注意车内动态，会同乘警取证调查。

发生政治案件时的应急处置流程如图 6-1 所示。

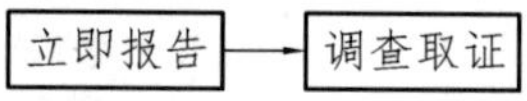

立即报告 → 调查取证

图 6-1 发生政治案件时的应急处置流程

二、发现弃婴（弃童）时

1. 现场确认。应立即报告列车长、乘警，列车长和乘警应迅速到场，调查了解，通过广播寻找携带人、监护人。
2. 按章移交。由公安乘警收集两份以上旅客目击证实材料，对确无监护人线索的弃婴（弃童）及随身物品，列车乘警应编制记录交三等以上车站派出所。无乘警时，有列车长按规定办理移交。

发现弃婴（弃童）时的应急处置流程如图 6-2 所示。

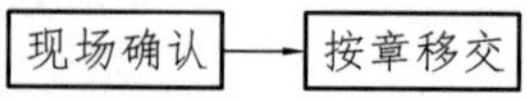

现场确认 → 按章移交

图 6-2 发现弃婴（弃童）时的应急处置流程

三、发生盗窃、扒窃、抢劫案件时

1. 立即报告。当班乘务员发现违法犯罪行为时，迅速通知列车长、乘警到场。
2. 协助处置。为公安人员提供有价值的信息，做好当事人的安抚工作。

发生盗窃、扒窃、抢劫案件时的应急处置流程如图 6-3 所示。

立即报告 → 协助处置

图 6-3 发生盗窃、扒窃、抢劫案件时的应急处置流程

四、发生治安案件造成旅客伤害时

1. 立即到场。以乘警为处理主体，列车长到场协助全力配合。
2. 现场控制。乘务员应机智、勇敢、当机立断，号召车内旅客共同采取果断措施，制止不法分子行凶。

3. 维护秩序。安抚旅客情绪，防止发生旅客跳车、挤伤、误伤等。
4. 协助调查。列车长配合乘警进行调查取证。
5. 救治伤者。列车长应对受伤旅客进行医疗处置，广播寻找医生到场救治。
6. 及时报告。列车长及时将有关情况向段调度室汇报
7. 按章移交。向车站移交时，应由列车乘警办理，需编制客运记录时，列车长必须请示有关领导同意后方可办理，同时拍发电报声明。乘警长要在客运记录上签字。

发生治安案件造成旅客伤害时的应急处置流程如图 6-4 所示。

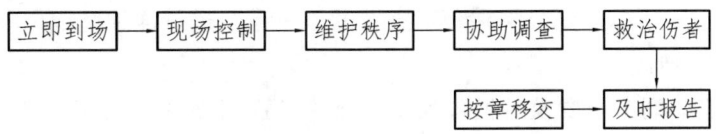

图 6-4　发生治安案件造成旅客伤害时的应急处置流程

五、发生殴斗凶杀事件时

1. 采取措施。号召旅客，共同制止，必要时使用器具制止行凶，同时迅速通知乘警、列车长。
2. 维护秩序。维护秩序，防止发生旅客跳车、挤伤、误伤等。
3. 积极救治。寻找医生对受伤者进行抢救。
4. 及时报告。向段调度室汇报。
5.按章移交。列车长编制客运记录，将受伤旅客移交前方最近有救治能力的停车站处理，乘警在客运记录上签字，拍发电报。

发生殴斗凶杀事件时的应急处置流程如图 6-5 所示。

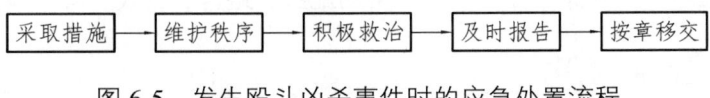

图 6-5　发生殴斗凶杀事件时的应急处置流程

六、发生票据、票款被盗时

1. 立即报告。立即报告列车长、乘警，并做好现场保护。列车长及时向段调度室和收入科报告。
2. 收集材料。收集材料线索，协助调查，分析原因，组织查找。
3. 及时报告。列车长要及时向相关部门报告有关情况。

发生票据、票款被盗时的应急处置流程如图 6-6 所示。

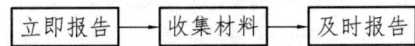

图 6-6　发生票据、票款被盗时的应急处置流程

第二节　旅客列车上发现"三品"时的应急处置措施

"三品"是易燃品、易爆品、危险品的简称。在旅客列车上发现"三品"时，应按以下程序进行应急处置：

1. 及时报告。在列车上发现"三品"时，乘务员要立即报告列车长和乘警到现场处置。

2. 妥善处置。在列车上查获的"三品"由乘警妥善处置和保管，并按公安站车交接程序向前方停车站派出所移交。车站不设公安派出所的，则由列车长编制客运记录，移交车站处理。对鞭炮、发令纸、摔炮、拉炮等易爆物品应立即浸湿处理。

3. 认真登记。列车长要会同乘警对查获的"三品"进行详细登记，并将相关情况详细记录在列车长手册上。

4. 信息反馈。列车长要及时报告列车查获"三品"（处理）的简要经过。主要内容包括：车次、时间、地点（车厢号），携带人姓名、身份证号、乘车区间、车票号，"三品"名称、数量等。

在旅客列车上发现"三品"时的应急处置流程如图6-7所示。

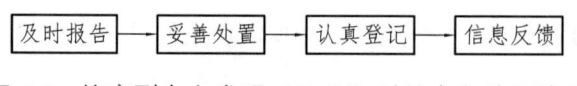

图6-7　旅客列车上发现"三品"时的应急处置流程

第三节　旅客列车关于事故急救组织的应急处置措施

一、工作原则

遇有事故需应急救援时，应坚持"统一指挥，分工负责"的原则，在路局应急救援指挥部的统一领导下，各部门分工负责，密切配合，迅速、高效、有序地开展救援工作。

二、应急启动

1. 旅客列车发生行车及人员伤亡事故（包括列车冲突、火灾爆炸、重大水害、交通肇事等）时，启动事故急救组织应急预案。

2. 要求列车长或在第一时间内立即将初步情况报告段总调度室和段领导，具体报告事项如下：

（1）列车长应将发生事故车次、时间（月、日、时、分）详细记录。

（2）发生的地点（区间、千米、米），如不能判明时应向车辆乘务员或机车乘务员询问。

（3）事故概况及原因的初步判断（事故种类、经过、主要责任）。

（4）人员伤亡情况（包括：伤亡旅客人数、姓名、性别、国籍、民族、年龄、身份证号码、职业、单位、住址、车票种类、发到站、票号、有效日期及加剪情况）及旅客财产（现金、随身携带物品）情况。

（5）司机姓名。

（6）是否需要救护车、救援列车或起重机。

3. 调度长和值班干部接到事故通报后，应立即向有关领导报告，必要时向路局调度室和客运处同时报告，并与现场保持联系，随时反馈信息。

4. 发生事故后，有关领导以最快速度赶往事故现场。

三、应急处理

（一）专运包车应急预案

1. 及时汇报。专运包车经由线路遇到灾害事故时，由专运添乘人员向主管上级进行汇报，听候领导指示。

2. 坚守岗位。专运添乘干部与专运乘务员人员要坚守岗位，确保首长绝对安全。

3. 加强防护。专运添乘干部与列车长一起与车站联系。车站和公安派出所派人赶赴现场搞好警戒。

4. 如专运包车无法迂回或停留时间较长时，向路局有关部门汇报，等候命令。

专运包车应急预案流程如图6-8所示。

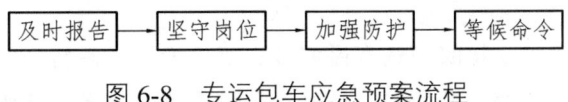

图6-8　专运包车应急预案流程

（二）运送机要密件应急预案

1. 列车遇有运送机要密件的工作人员时，列车长要进行重点掌握，做到心中有数。

2. 在处置突发事件时，依据铁路总公司《关于运送机要密件列车遭遇突发事件的处理办法》（运营客营〔1999〕333号），列车长、乘警首先应积极主动采取一切必要措施，保护机要交通人员和密件的安全，对受伤的机要人员要全力抢救。

3. 在因机要交通人员伤亡而丧失对密件的监护能力时，列车长或事故现场指挥者要指派专门人员监护密件，并立即报告路局专运办、客调按规定处理。

运送机要密件应急预案流程如图6-9所示。

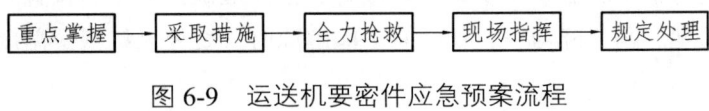

图6-9　运送机要密件应急预案流程

第四节　旅客列车取暖锅炉烧干锅时的应急处置措施

1. 发生锅炉无水干烧时，有以下特征：一是炉体有呛人的油漆味道；二是炉体变色冒烟、烫手；三是水位表处于低位或零位；四是温度表超过100℃。

2. 发生锅炉干烧时，禁止补水，防止炉体炸裂。处理时先将炉火彻底掏出，用水浸灭，等炉体自然降温到 40 ℃ 以下时（不烫手）方可补水，点火。

旅客列车取暖锅炉烧干锅时的应急处置流程如图 6-10 所示。

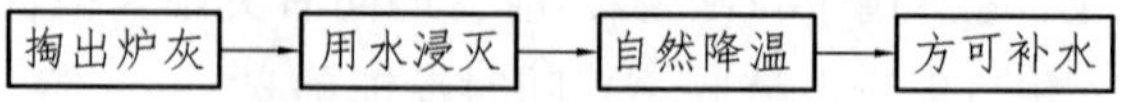

```
掏出炉灰 → 用水浸灭 → 自然降温 → 方可补水
```

图 6-10　旅客列车取暖锅炉烧干锅时的应急处置流程

第五节　旅客列车发生冻车时的应急处置措施

一、易冻部位

1. 车厢两端门坎铁皮底下的暖管部分；
2. 锅炉室门口下的回水管部分；
3. 厕所紧靠大便器边的暖管部分；
4. 洗面间地面靠近排水孔的暖管部分；
5. 严重时可能是车厢整个供暖系统或一侧供暖系统。

二、认真交接

各职人员在办理锅炉交接时要认真做好焚火锅炉设备、备品、车内供暖系统、车内温度和锅炉温度的交接，注明问题所在，做好登记及签字，交者不清由接者负责承担责任。

三、妥善处置

1. 发生冻车普遍在天气较冷的凌晨，因焚火人员工作不到位或因车辆设备等问题没有及时解决而产生的冻车。发生冻车时，列车长要立即组织检车乘务人员，查找冻车原因、位置，进行解冻。

2. 确定好结冻位置后，一方面要提升锅炉温度，另一方面组织烧水员或列车员提供足够的开水，对暖管外包装进行安全拆除，并保护好车辆设备，不得进行破坏。打开电泵循环系统（无电泵时使用手动），为节约开水可用一层抹布将暖管盖上，用热水细流、慢浇结冻部分暖管，坚决制止用明火烧烤暖管，不能准确判明结冻位置时要多浇几个地方，直至锅炉温度急剧下降为止，如一时不能解冻时，要控制好锅炉温度，使之不超过 95 ℃。

3. 发生严重冻车时要协调车辆部门组织解冻，必要时做好各方面准备工作，积极采取有力措施，坚决杜绝责任冻车事故的发生。

旅客列车发生冻车时的应急处置流程如图 6-11 所示。

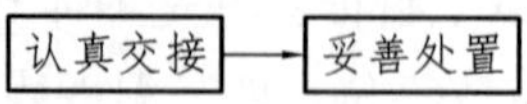

```
认真交接 → 妥善处置
```

图 6-11　旅客列车发生冻车时的应急处置流程

第六节 旅客列车遇有旅客临产时的应急处置措施

1. 立即报告。发现有旅客临产时，列车员要立即报告列车长，列车长要立即到现场了解情况，组织应急处置。

2. 妥善处置。列车长一方面要做好接生准备，另一方面要立即向前方车站预报，通知前方站做好救护接生准备。要动员旅客腾出一个包房（一个硬卧空或一个硬席空）做临时产房，临产旅客在硬座或硬卧车生产时，要用洁净的单子将周围罩上，同时广播找医生帮助接生。列车无医生时，要找年岁较大、有经验的女同志协助接生。

3. 重点照顾。有餐车时，列车长要及时联系协调餐车为临产旅客准备好产妇用餐（鸡蛋、白糖、红糖等）。

4. 信息反馈。列车长要详细记载产妇姓名、身份证号码、工作单位、家庭住址、随行人信息等，并及时将处置情况上报。

旅客列车遇有旅客临产时的应急处置流程如图 6-12 所示。

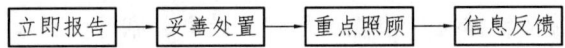

图 6-12 旅客列车遇有旅客临产时的应急处置流程

第七节 旅客列车遇有迂回运输时的应急处置措施

1. 了解情况。列车受风雨、冰雪灾害影响改变经路实行迂回运输时，列车长应首先按照调度命令，了解列车经由路线，涉及影响车内旅客的席别、径路、人数等。

2. 及时报告。涉及影响车内旅客的席别人数等情况报告有关局调度指挥人员。及时将列车运行变化情况、所属局调度指挥、安排等情况报告车队。

3. 稳定情绪。及时通过广播及时向旅客通报，并做好解释工作，取得旅客的谅解，与有关站协调、妥善安排旅客运输相关事宜，稳定旅客情绪。

4. 随时联系。加强与有关站、所属局客调等进行联系，并随时向本段、路局有关部门及所属局报告列车的基本状况（车内旅客人数、班组人员现状、食品餐料存量、车内供水情况、车内燃煤量列车空调发电车燃油量等）。密切注意列车运行和车内旅客状况，及时与途中站进行联系，遇到问题及时沟通和报告。

5. 接受指示。按照调度命令，积极组织开车，随时接受行车指挥部门和本段的工作指示。遇有抢险救灾人员乘坐列车，应本着积极配合的原则，列车长要主动与负责人进行沟通和协商，在力所能及的情况下，尽量予以协助，并妥善安排好。

6. 调整乘务时间。根据运行区段的状况（上水站、餐茶供应点等）、当前或迂回运输过程中需要解决的问题，合理调整好列车乘务工作。

7. 晚点处理。因迂回运输造成列车晚点时间较长，按照《列车晚点应急处理办法》处理。

8. 干部到场。发生风雨、冰雪灾害时，段应立即指派副段长以上干部，带领担当车队干部赶到现场，指导列车处理随时发生的各类问题。

旅客列车遇有迂回运输时的应急处置流程如图 6-13 所示。

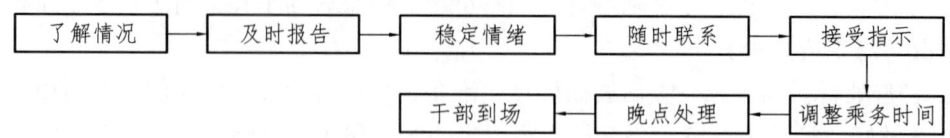

图 6-13　旅客列车遇有迂回运输时的应急处置流程

第八节　旅客列车上发现患有传染性疾病旅客时的应急处置措施

1. 疾病种类。分为甲类、乙类、丙类三类。

（1）甲类传染病：鼠疫、霍乱。

（2）乙类传染病：病毒性肝炎、细菌性和阿米巴性痢疾、伤寒和副伤寒、艾滋病、淋病、梅毒、脊髓灰质炎、麻疹、百日咳、白喉、流行性脑脊髓膜炎、猩红热、流行性出血热、狂犬病、钩端螺旋体病、布鲁氏菌病、炭疽、流行性和地方性斑疹伤寒、流行性乙型脑炎、黑热病、疟疾、登革热。

（3）丙类传染病：肺结核、血吸虫病、丝虫病、棘球蚴病、麻风病、流行性感冒、流行性腮腺炎、风疹、新生儿破伤风、急性出血性结膜炎、除霍乱、痢疾、伤寒和副伤寒以外的感染性腹泻病。

2. 立即报告。在列车上发现患传染性疾病的旅客要立即向前方停车站或停留站防疫部门、上级卫生防疫部门、段总调度室报告。

3. 迅速隔离。对甲类传染病原携带者，乙类传染病中的艾滋病病人、炭疽中的肺炭疽病人，予以隔离。

4. 卫生消毒。对传染病病人、病原携带者、疑似传染病病人污染场所、物品和密切接触的人员，通知防疫部门做好必要的卫生消毒处理和预防措施。

5. 做好登记。对接触传染病的旅客要做好记录（身份证号码、工作单位）备查。

6. 防控检查。列车乘务员有与上述传染病者接触的人员，终到后到有关医院进行检查，做好预防工作。

旅客列车上发现患有传染性疾病旅客时的应急处置流程如图 6-14 所示。

图 6-14　发现患有传染性疾病旅客时的应急处置流程

第九节　旅客列车运行中发生机车制动机故障时的应急处置措施

1. 就地制动。当听到机车三短声鸣笛（要求停车就地制动）时，全体乘务人员要在车辆乘务员的统一指挥下,迅速拧紧车厢内手制动机(拧紧手制动机数量听从车辆乘务员指挥),以保证就地制动。

2. 解除制动。当听到机车鸣笛两短声(自动制动机恢复解除制动)时,全体乘务人员听从车辆乘务员指挥,将手制动机恢复正常位置。

3. 坚守岗位。停车时各节车厢乘务员要坚守岗位,看守车门,防止旅客上下车,确保旅客人身安全。

4. 晚点处置。遇有列车晚点时间较长(因铁路原因),广播员要按规定向旅客广播道歉,列车长、乘务人员要稳定旅客情绪,耐心向旅客做好解释,防止激化矛盾。

旅客列车运行中发生机车制动机故障时的应急处置流程如图6-15所示。

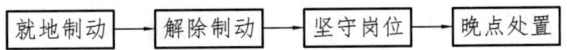

图6-15 发生机车制动机故障时的应急处置流程

第十节 旅客列车运行途中因车辆故障甩车或车门故障不能关闭时的应急处置措施

一、车辆故障

1. 立即报告。列车运行途中因车辆故障甩车时,列车长要立即向有关局、本局客调报告(报告内容:车辆故障发生时间、车次、车体号、故障区段、故障车厢号、故障原因、车辆人员对故障如何处理、决定甩车的检车长姓名、故障车厢旅客情绪反映、客运人员如何处理等)。

2. 妥善处置。向本车厢旅客做好解释工作,并组织好旅客有秩序的疏散,首先做好重点旅客的安排工作。

3. 合理安排。发生临时甩车,列车铺位、席位不能满足旅客需求时,列车长要将宿营车铺位腾出供旅客使用。因车辆故障甩车造成旅客变更座别、铺别产生旅客退票时,列车长要及时按规定编制客运记录、拍发电报。

4. 留守看车。对发生故障甩挂车辆,要及时向局客调及段总调度室请示是否留客运乘务员看守。如不用看车时,要将车内备品移到其他车厢保管。如需要看车时,列车长要安排经验丰富,有单独工作能力责任心较强的男职工留守,并做好乘务工作准备,防止修复后挂其他列车运用。

5. 欠挂处置。由于车辆发生故障造成本次列车欠挂,要及时和局客调沟通,是否发电报听从指示,防止返程时由于欠挂造成旅客没有座席或铺位。

车辆甩车的故障处置流程如图6-16所示。

图6-16 车辆甩车的故障处置流程

二、车门故障（分普通车门和塞拉门）

（一）普通车门

1. 立即报告。列车运行途中遇车门故障时，乘务员要立即通知列车长、车辆乘务长（员）到场处理，并由车辆乘务员检查确认修复。因翻板故障车门不能关闭时，列车长还应通过车辆乘务员向机车司机通报，防止车站拦停列车，并向段调度室汇报。

2. 安全防控。在列车长、检车乘务员到达之前，发现人员应坚守岗位，采取临时安全防护及加固措施，做好安全宣传、引导旅客不要站在车门附近，防止发生意外。

3. 专人看护。如运行中无法修复，列车运行中列车员不得擅自处理车门。车辆乘务员应在车门设立旅客禁入区，列车长指派专人监控，确保安全。

4. 妥善处置。检车乘务员确认车门故障无法修复时，列车长应立即将情况上报所属局客调，通知沿途停车站提前组织上车旅客到邻近车厢车门乘车。列车员到站前提前引导旅客到相邻车门上下车。

5. 信息反馈。列车长要及时将有关情况上报。

普通车门的故障处置流程如图 6-17 所示。

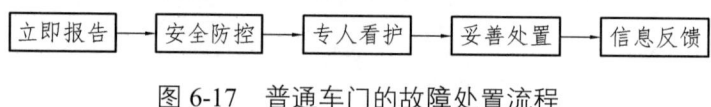

图 6-17　普通车门的故障处置流程

（二）塞拉门

1. 列车到站车门打不开时：

（1）检查开锁顺序是否正确，确保先开隔离锁，再开三角锁芯。

（2）反复用力拉动车门开门（若为电控气动塞拉门，开启隔离锁后，将紧急解锁拧到解锁位置，听到报警声后，门已经弹出锁扣，再手动开门）。

（3）仍无法打开时，开启相邻车厢的同侧车门，组织旅客到相邻车厢乘降，做好安全宣传提示。

（4）立即报告车长，通知车辆检车人员到场处理。

塞拉门列车到站车门打不开时的故障处置流程如图 6-18 所示。

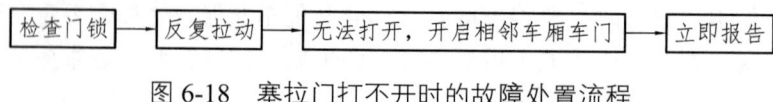

图 6-18　塞拉门打不开时的故障处置流程

2. 列车开车车门关不上时：

（1）立即组织通过台处旅客到车厢内部，不准旅客在故障车门及邻车通过台逗留，锁闭本车及邻车车厢端门。

（2）将门反复用力拉上，若扔无法达到二级锁闭时，用安全链将车门锁牢（若为电控气动塞拉门，将紧急解锁拧到解锁位置后，再操作）。

（3）报告列车长，通知检车人员到场处理。列车长必须通过车辆乘务员向机车司机通报，防止拦停列车，并及时向段调度室汇报。

（4）本节车厢列车员在故障车门处坚守岗位，不准擅自处理车门，禁止旅客通行。列车长要组织车辆乘务员在车门处设立旅客禁入隔离区，并指派专人监控，确保人身安全。

列车开车车门关不上时的故障处置流程如图6-19所示。

立即组织 → 反复用力 → 及时报告 → 坚守岗位

图6-19　车门关不上时的故障处置流程

3. 列车关门后或运行中车门自动打开时：

（1）组织通过台处旅客到车厢内部，不准旅客在故障车门及邻车通过台逗留，锁闭本车及邻车车厢端门。

（2）及时锁闭车门，车门故障无法锁闭的，用力拉合车门后，用安全链锁锁牢。

（3）报告列车长，通知检车人员到场处理。列车长必须通过车辆乘务员向机车司机通报，防止拦停列车，并及时汇报。

（4）本节车厢列车员在故障车门处坚守岗位，不准擅自处理车门，禁止旅客通行。列车长要组织车辆乘务员在车门设立旅客禁入隔离区，并指派专人监控，确保人身安全。

列车关门后或运行中车门自动打开时的故障处置流程如图6-20所示。

立即疏导 → 及时锁闭 → 及时报告 → 坚守岗位

图6-20　车门自动打开时的故障处置流程

第十一节　旅客列车在中间站变更到发线和无站台停车时的应急处置措施

1. 确认站台。列车在中间站临时变更到发线接车时，列车长（广播员）要组织全体乘务员认真进行车门瞭望，确认站台方向。

2. 组织乘降。遇停车后无站台时，乘务员要打开靠站舍有站务员一侧的车门，在邻线没有列车通过的情况下，方可组织旅客乘降，并做好宣传和扶老携幼。如停车线路两侧都有站台，选择有站舍和站务员的一侧，打开车门组织旅客乘降。禁止旅客从背门下车。

3. 安全卡控。在没有站台或停在道口处，旅客上下车极易发生摔伤、扭伤，乘务员要对上、下车的旅客做好安全常识宣传，提示旅客注意安全并做好扶老携幼，防止意外伤害。

旅客列车在中间站变更到发线和无站台停车时的处置流程如图6-21所示。

图6-21　变更到发线和无站台停车时的处置流程

第十二节　旅客列车夜间运行中突然停电时的应急处置措施

1. 列车乘务员要及时打开应急灯，并立即通知车辆乘务员到场处理。

2. 列车长、乘警应及时到达现场，稳定车内旅客秩序，加强治安管理。

3. 停电车厢列车员要坚守岗位，封闭两头端门，防止发生意外。

4. 严禁使用明火照明。

5. 个别车厢运行途中照明不能及时修复时，列车长、乘警、乘务人员要向两端有照明的车厢疏散旅客。

6. 冬季电暖气停止工作时，要关好两头端门注意车厢内的保暖，条件允许时可以为旅客添加棉被或在列车长的统一指挥下，为旅客调换车厢。

7. 夏天列车空调无法使用时，在不能调换车厢和立即修复的情况下，列车长指挥列车员，打开车厢内的车窗和两头端门，同时准备一些湿毛巾等物品供旅客使用并保证开水供应。

8. 在空调和取暖设备发生故障时，旅客提出退票，列车长及时请示段及上级领导，按领导指示认真做好处理，化解矛盾，稳定旅客情绪。

旅客列车夜间运行中突然停电时的处置流程如图 6-22 所示。

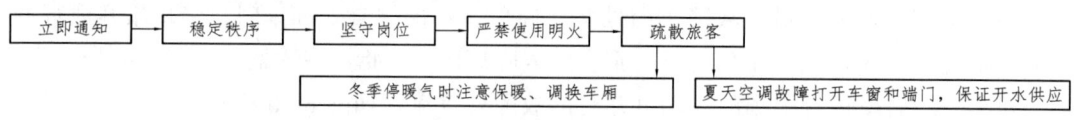

图 6-22　夜间运行中突然停电时的处置流程

第十三节　旅客列车发现上访人员时的应急处置措施

旅客列车发现个别或集体越级上访人员时，列车长、乘警要立即到达现场认真处理，并要做好以下工作：

1. 列车在局管内运行发现上访旅客时，首先要向领导、调度室汇报（汇报内容包括：时间、车次、车厢号码、旅客姓名、性别、年龄、职业、单位、地址、车票种类、发到站、票号、事情经过、主要问题、涉及人数及状态、处理及准备采取的措施等）。要从大局出发，耐心地做好思想工作，不得激化矛盾。调度员接到报告后根据段领导指示向局客调报告，并按上级指示和要求向列车长传达处理方式、办法和命令。列车长必须保持手机处于开机状态。

2. 在外局运行的列车上发现人数较多的上访人员时，应立即将有关情况，用电台通知前方站或调度所，转告列车运行所在局客运处，同时做好配合处理的准备工作，并向派班报告。

3. 列车上发现持有效车票的地方人员上访时，应按正常旅客对待。

4. 列车上发现局管内铁路职工上访人员（无论是否持有车票），要积极做好宣传、教育和劝阻工作，尽最大努力动员其终止旅行。

5. 列车上发现无票上访人员，要会同列车公安人员按规定编制记录交车站处理。对拒绝下车的上访旅客，应积极做好宣传劝阻工作，动员其下车。

6. 铁路公安人员在列车上处理上访人员时，列车乘务人员应参与宣传、教育、劝阻工作，积极维护正常秩序，主动与有关部门配合，时刻注意人身安全。对拒不下车的无票上访人员，由公安人员按有关规定采取强制措施令其下车。对无理取闹、扰乱或中断运输的上访人员，要依据有关法律规定处理。

旅客列车发现上访人员时的处置流程如图 6-23 所示。

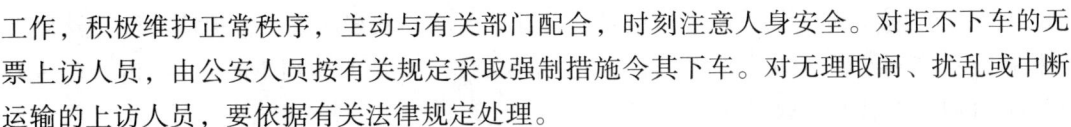

图 6-23　发现上访人员时的处置流程

第十四节　发现神情、行为异常旅客时的应急处置措施

一、发现报告

1. 注意观察。乘务员在乘务中要加强巡视，注意观察旅客的精神状态，特别是在列车超员、旅客长时间乘车、无座席、旅途疲劳等极易诱发癔症、神情、行为异常的情况下，要重点观察掌握。

2. 及时发现。乘务员在巡视中要及时掌握和发现癔症、神情、行为异常的旅客。癔症旅客常见典型症状：恐慌，声称被人追杀；向周围旅客散发财物；脱光衣服等行为。神情、行为异常旅客常见典型症状：目光呆滞、不言不语；精神狂躁、大吵大闹；喜怒无常、胡言乱语等行为。

3. 立即报告。乘务员发现旅客出现异常行为，要立即通知列车长、乘警或委托临车乘务员、周围旅客报告列车长、乘警在最短时间赶到现场，并极力稳住旅客情绪。

发现神情、行为异常旅客时的报告流程如图 6-24 所示。

图 6-24　发现神情、行为异常旅客时的报告流程

二、妥善处置

1. 采取措施。列车长、乘警到场确认后（必要时向段总调度室报告，请求协调公安处指挥中心，要求乘警积极参与、妥善处理），将神情、行为异常旅客安排在餐车、车厢连接处或车厢一角等旅客相对较少、空气流通、便于看护处所，指派专人看护。对有暴力倾向的精神异常旅客，列车长要会同乘警、乘务员检查其是否携带能够伤及自身及他人的器物，并收取神情、行为异常旅客附近的硬质、锐器等容易造成伤害的物品。

2. 寻找医生。通过广播寻找医生、确认病情，尽量征询医生的意见和建议。并对医生姓名、工作单位、联系电话等信息做好记载。

3. 收集证据。对看护神情、行为异常旅客的详细过程，收集周围旅客不少于两份的证言，并留有相关影像资料，为情况调查留存依据。

4. 站车交接。列车长编制客运记录（特殊情况随同旅客证言）将神情、行为异常旅客按规定移交到站或换乘站处理（有票的交车票到站，无票的交列车前方县、市停车站）。条件允许时可与其家属取得联系，在到站接应。

发现神情、行为异常旅客时的处置流程如图 6-25 所示。

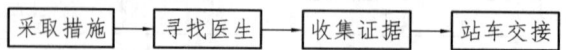

图 6-25　发现神情、行为异常旅客时的处置流程

三、看护措施

（一）有同行人的看护措施

1. 安全防控。对有人护送的神情、行为异常旅客，由列车长与乘警共同向同行人讲清安全注意事项，提醒同行人注意防止神情、行为异常旅客打碎车门、车窗玻璃跳车，要求如厕时不能锁闭厕所门。

2. 妥善处置。列车长要建议其同行人带领突发癔症、神情、行为异常旅客及时下车治疗。如不同意下车治疗，列车长要讲清后果和责任，并留有拒绝下车治疗的材料，同行人在材料上签字。列车长要指派一名胜任的乘务员对神情、行为异常旅客进行全程看护（可按时间轮换），列车长要合理调整列车员工作分工。

3. 做好登记。将神情、行为异常旅客的信息详细填记在《乘务日志》中重点旅客登记栏内，要注明"要求同行人加强监控，防止意外"等内容，并由同行人在"服务措施"栏内签字。乘务员交接班时要作为重点内容进行交接。

发现神情、行为异常旅客有同行人的看护处置流程如图 6-26 所示。

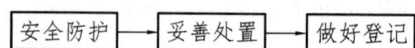

图 6-26　发现神情、行为异常旅客有同行人的看护处置流程

（二）无同行人的看护措施

对无人护送的神情、行为异常旅客，列车长要不惜人力，必须保证两人一组共同看护（每组可按时间轮换），列车长要合理调整列车员工作分工。看护人不得离开神情、行为异常旅客、不得做与看护无关的工作，做到死看死守，防止伤人、自残、跳车。

（三）暴躁型精神异常旅客的看护措施

依据《铁路公安机关乘务民警执法细则（试行）》的通知要求，对严重危害公共安全、本人或其他人人身安全的神情、行为异常旅客，要协助乘警采取约束措施，使用约束带（衣）、胶带、床单等物品实施约束，同时指派专人全程监护。使用约束措施时，应避免约束颈、胸、腹等影响呼吸的要害部位，同时注意随时观察，防止发生意外。在约束中，为了防止跳车和撞头等自身伤害行为发生，可以加戴棉帽和将腿脚约束。

第十五节 旅客列车突发事件临时停车时的应急处置措施

一、列车撞人或在道口发生交通肇事

1. 在站内发生撞人停车时，由车站客运和站警负责处理，列车长要详细记载事情经过。

2. 列车在区间撞人停车时，列车长要会同乘警下车与司机一同处理，做好记录，内容有：时间、车次、区间地点（千米、米）及肇事者姓名、年龄，不能判明时，注明伤亡者体貌特征，受伤原因、程度。乘警负责对伤亡者进行检查、搜身（查验身上所有证件、钱款、车票、票据、物品等），列车长编制客运记录及物品清单。

（1）被撞人员死亡时。将死者放在路肩上用物品盖好，可找铁路职工或附近居民看守（看守费用由车站暂时支付），防止动物拖拉、啃食，委托司机或车辆乘务员通知最近前方通过站处理。将客运记录、旅客物品及清单等一并交前方停车站客运处理。

（2）被撞人员未死亡时。要本着救死扶伤的人道主义精神进行救助，站外或小站无救治条件时，可将人先抬上列车，通过广播查找医务工作者协助包扎处理，将伤者放在一个较好的环境进行包扎、救治，列车长编制客运记录交三等站或县、市所在地医院的车站。记录必须注明是列车运行途中由机车撞人，并有机车乘务员、检车员、乘警和列车长的签字。

3. 发生道口机动车辆肇事，产生群死、群伤时，列车长要在能够保证旅客安全和车内秩序稳定的同时，组织部分乘务员和旅客医务工作者进行有组织、有程序的救助。设专人防护，时刻注意临线来车。

二、由于车辆设备问题造成列车临时停车

1. 因车辆设备问题造成临时停车，列车长、乘警、检车员要对该车进行全面的检查确定故障部位，指派专人对该车进行严控，防止发生旅客意外伤害。将发生问题时间、地点、性质、原因详细记录，及时向段领导汇报。

2. 当司机声明是由车辆发生设备故障时，由检车员处理。列车长要组织"三乘"人员对全列的紧急制动阀、手制动机进行全面检查，及时分清责任。

三、发生旅客误拉紧急制动阀

1. 列车运行途中因旅客误拉紧急制动阀把手，造成列车临时停车时，本节车厢列车员应立即通知列车长及"三乘"人员。

2. 找到责任旅客并取得不少于两份的旁证。证实材料应当准确真实，并能够证明事故发生的过程和原因，有助于责任判定的内容必须准确说明。证人的姓名、工作单位、住址、身份证号码、电话号码等要详细记录。

3. 列车长要积极组织开车，恢复正点，检车员要重新施封紧急制动阀手柄。将旅客的姓名、单位、住址、票号、身份证号详细记录交乘警处理，并及时上报主管领导和科室。

四、发生旅客抓车

1. 列车启动后发现有旅客抓车要立即打开车门将旅客拉上车,并将旅客姓名、性别、国籍、民族、年龄、身份证号码、职业、单位、住址、有无车票(车票种类、发到站、票号、有效日期及加剪情况)、事情经过、主要责任等内容详细记录在案,另取不少于两份能够证明旅客抓车事件发生过程和原因的旁证材料。有、无车票都要按规章正确地处理好旅客,回段后向乘务科、安全科汇报。

2. 旅客抓车上车顶或在两节车厢连接处,列车长要通过司机与车站和调度员联系,力争在最近站内停车处理。千方百计将旅客动员到车下(电气化区段,严禁攀登上车顶),由列车长、乘警取得第一手材料,并及时汇报。

五、发生旅客坠车事件

1. 发生站内坠车。列车开动后发现有人坠车,要立即使用紧急制动阀停车。列车长、乘警会同车站客运人员积极组织救治处理,必要时列车长可派人下车查明坠车原因,详细记录事情发生经过,积极索取有利于列车方面的材料不少于两份。

2. 列车在运行途中发现有人坠车,能判明旅客坠车地点时要立即使用紧急制动阀停车(在不具备使用紧急制动阀停车条件时除外);在不具备停车条件或判明不了时,可在最近停车站下车,列车长、乘警要与调度员联系,迅速查找坠车者,积极组织抢救、处理。

(1)发现坠车者死亡,乘警负责对伤亡者进行检查、搜身(查验身上所有证件、钱款、车票、票据、物品等)。列车长做好客运记录时间、车次、区间、地点(千米、米)及坠车者姓名、年龄,不能判明时,注明伤亡者体貌特征、受伤原因、程度。对证件、钱款、车票、票据、物品等做成清单一并交前方停车站处理。死者尸体放在路肩上用物品盖好,可找附近铁路职工或居民看守(看守费用由车站暂时支付),防止动物拖拉、啃食。

(2)如坠车者未死亡,列车长要积极组织救治处理,可将人先抬上列车,通过广播查找医务工作者协助救治。列车长做客运记录交三等或有县、市所在地医院的车站救治。

3. 上述旅客意外伤害要求索取旅客证实材料两份以上,并编制客运记录和拍发电报。回段后向安全科汇报,交有关资料。

注:凡发生上述旅客坠车事件时,如能立即联系机车司机停车,可不采取使用紧急制动阀停车方式,并立即向车队报告情况。

第十六节 旅客列车发生旅客因病死亡时的应急处置措施

1. 旅客在列车上因病死亡,列车长会同乘警查找随行人员,调查死亡原因,确定不了时,广播找医生帮助确诊。

2. 及时汇报。汇报内容包括:时间、车次、地点(车站或区间里程)、死亡旅客姓名、性别、国籍、民族、年龄、身份证号码、单位、职业、住址、车票种类、发到站、票号、有效日期及加剪情况、事情经过、主要责任等。以上内容应详细、准确地进行登记、记录，按上级领导要求处理。

3. 收集不少于两份旁证。证实材料应当准确真实，并能够证明事件发生的过程和原因，尤其有利于责任判定的必须准确说明。证人的姓名、工作单位、住址、身份证号码、电话号码等要详细记载。

4. 会同乘警一同收集物证，编制客运记录，将尸体、随行人员、遗物和遗物清单交就近市、县所在地的车站。

5. 对因传染病死亡的，列车长应通知最近前方站联系防疫部门对有关部位做好消毒。

6. 返乘后，列车长将事情经过、旅客证实材料一并上报。

旅客列车发生旅客因病死亡时的处置流程如图 6-27 所示。

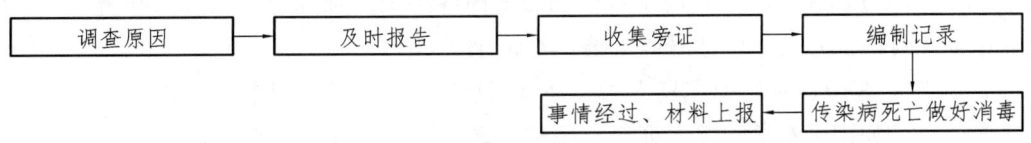

图 6-27 发生旅客因病死亡时的处置流程

第十七节 旅客列车发生旅客急病时的应急处置措施

1. 在列车上发生旅客急病时，列车长要立即组织救治。通过广播寻找医生，协助诊治病情，详细记录医生的单位、姓名、地址。

2. 列车长对发病旅客的车票、身份证号码、工作单位、携带物品、有无同行人等认真调查，做好记录。

3. 乘务员不应随意给旅客用药，要在有医嘱的情况下，让旅客自己服用，防止旅客用药不当引起其他后果。

4. 列车上无医生时可尊重旅客本人意见，列车协助治疗。确实病重需要抢救时，列车长通过检车乘务员电台、电话向所在局客调报告，联系前方站进行抢救。并取得不少于两份知情旅客的旁证材料。证实材料应当准确真实，并能够证明事故发生的过程和原因，有助于责任判定的内容必须准确说明。证人的姓名、工作单位、住址、身份证号码、电话号码等要详细记录。并编制客运记录与车站办理移交，由车站送至就近医院进行抢救。

5. 直达特快列车发生旅客急病，危及生命需要中途停车治疗时，列车长要用设在检车乘务员处的无线对讲机、电话与客调、司机联系，将情况详细说明，在能够救治的车站停车，列车长编制客运记录办理移交，由车站送至就近医院进行抢救。

6. 按照程序汇报。

旅客列车发生旅客急病时的处理流程如图 6-28 所示。

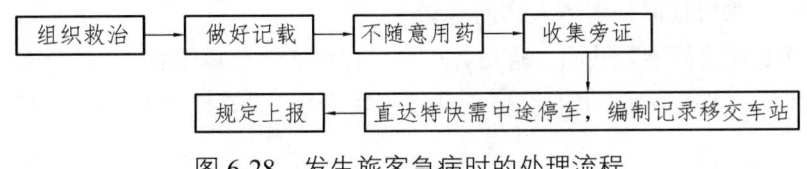

图 6-28 发生旅客急病时的处理流程

第十八节　旅客列车发生旅客食物中毒时的应急处置措施

1. 列车发生旅客食物中毒现象（事故）时，列车员应立即向列车长进行报告，列车长在组织列车工作人员积极抢救的同时，向段调度室报告（报告内容包括：发生时间、车次、运行区间、列车编组顺位及车厢号码和准备采取的措施、中毒人数和状态等）。

2. 对在列车上发生食物中毒的旅客，列车长、乘警要亲自向患者旅客调查食物来源（是否是自己携带的食物，还是在站台上购买的食物，或是在列车上购买的食物），要分清责任，并收集不少于两份知情旅客的旁证材料。证实材料应当准确真实，并能够证明事件发生的过程和原因，有助于责任判定的内容必须准确说明。证人的姓名、工作单位、住址、身份证号码、电话号码等要详细记录。

3. 个别旅客中毒时。列车长会同乘警查明病因，视旅客病情轻重情况，广播寻找医生协助治疗。如需下车治疗时，列车长应编制客运记录交市、县所在地或较大车站。

4. 发生三人以上或群发性食物中毒时，要尽最大努力进行抢救，列车长及时通知前方停车站及防疫部门。及时封闭现场，稳定旅客情绪，封存可疑食物、呕吐物样品。停止销售、追缴可疑食物，等待卫生监督人员到现场查验。列车长做客运记录将旅客交车站处理。

5. 列车长要及时向上级及时汇报，严重时按照指示向局客调报告。

旅客列车发生旅客食物中毒时的处理流程如图 6-29 所示。

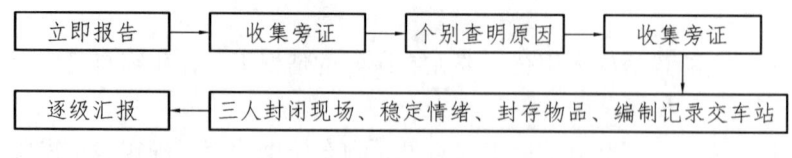

图 6-29　发生旅客食物中毒时的处理流程

第十九节　旅客列车发生旅客意外伤害时的应急处置措施

1. 列车上发生旅客人身伤害事故时，列车长应会同乘警立即赶赴发生地点，并按照下列程序处理：

（1）调查伤害旅客发生的原因，记录发生日期、时间、车次、地点、区间里程。

（2）收集证人证言不少于两份，并记录好证人姓名、性别、年龄、地址、联系方式、身份证号码等内容。（证言、证据应当准确、真实，并能够证明伤害发生的过程和原因。）

（3）由列车乘警提取伤者本人询问笔录。

（4）列车长应会同乘警共同查验伤者车票、有效证件，并详细记录其姓名、性别、年龄、国籍、民族、家庭住址、单位、身份证号、联系方式及车票种类、发到站等相关信息。

（5）对同行人的相关信息按（4）项同样办理。

（6）对重患或精神异常的旅客按（1）（2）（3）（4）（5）项同样办理。

（8）对旅客随身携带品由列车长和乘警共同清点登记，按清单与车站签字交接。

（9）列车上发生旅客人身伤害事故，列车长编制《客运记录》，并加盖列车长名章，同受伤旅客一并移交三等以上车站（在区间停车处理时交就近车站）处理，向车站办理移交手续时，《客运记录》《电报》、携带品清单一式两份，一份交接收车站、一份列车终到后报送安全路风科（车队需复印一份留存），连同车票、证据材料一起移交，（遇特殊情况，应提前通知旅客移交车站做好接收、急救等准备工作），并要求车站在《客运记录》《电报》上签字。

（10）因特殊情况来不及编写记录的，列车长必须下车（单独执乘列车长可指派专人）与车站办理交接，并应在三日内向事故处理站补交相关材料。

2. 旅客列车发生三人以上食物中毒时，列车长应及时通知前方停车站（卫生防疫部门和公安部门），并做好现场保护工作。发生旅客人身伤害的人数较多时，应封锁事故现场（禁止与救援、调查工作无关人员进入）。必要时还应通知前方站请求地方政府协助组织抢救。

列车发生旅客人身伤害事故时，列车长必须在发生后 10 min 内将事故经过报有关领导。列车长报告时应记载报告时间、接报人、指示内容等情况，并做好留存，以备查证。

3. 发生重伤及多人伤亡时必须在 10 min 内，报段主管段长并听取指示。

4. 列车长必须在事故发生后的第一时间内，拍发事故速报。

5. 事故电报稿应一式两份，一份交接收车站、一份列车终到后报送安全科（车队需复印一份留存），事故电报填写要求如下：

（1）主送单位：伤害旅客移交的车站。

（2）抄送单位：伤害旅客移交站主管局客运处、本局客运处、移交站所属车务段、吉林客运段。涉及治安案件时，应抄送相关公安处、主管乘警队。发生无票人员伤亡时，还应抄送路局安全监察室。机车紧急制动造成旅客伤害的，抄送单位应增加本务机车所属机务段和机车乘务员所属机务段。因车辆设备造成旅客伤害的，抄送单位还应增加车体所属车辆段。

（3）因石击列车造成旅客伤害时，主送单位填写发生地点（区间）所属公安派出所、车站。抄送单位除按（2）填写外，还应增加发生地（区间）所属车务段，公安局治安处，公安处治安科。

（4）电报内容：记录事故发生的日期、时间、车次、运行区间、地点（车厢号和铺、席位号）及伤害旅客姓名、性别、国籍、民族、年龄、职业、单位、住址、身份证号、车票种类、发到站、票号、人数、伤亡事故简况。

6. 旅客伤害事故发生后，列车长必须于列车终到的当日，将拍发的事故速报、客运记录、证实材料（原件或复印件）以及收集的事故相关材料报送相关部门。

第二十节　旅客列车客流暴涨情况下的应急处置措施

1. 旅客列车遇客流暴涨应及时将情况向有关部门报告。

2. 为避免上下车旅客在车厢门口、连接处发生拥堵问题，站停时尽量禁止送站人员上车。

3. 实行双班作业的列车，一名乘务员在车门严格验票、组织乘降，另一名乘务员在车厢内引导旅客就位，并与车门验票乘务员共同配合，重点疏导车门、通过台上下车旅客。

4. 由列车长组织业务员、乘警、供水员等，组成乘降小分队，协助硬座车乘务员组织旅客乘降，协助关闭车门。

5. 列车长要与车站客运人员联系，由车站客运员协助组织旅客乘降。

6. 按规定双开车门，当班列车长必须在硬座车出场，除正常办理交接外，全力以赴组织旅客乘降。

7. 列车运行中，列车乘务员要积极组织和动员在通过台的远途旅客进到车厢里边，对即将下车的旅客要提前宣传并组织旅客到车门口等候下车。

8. 在局管内运行时，遇客流暴涨，请示段调度、主管段长同意后，可开放餐车、行李车、硬卧、软卧车疏散客流。

9. 严重超员时，车辆弹簧压死严禁开车，经车辆乘务员检查确认弹簧恢复后，在保证安全的情况下方可开车。

10. 超过列车规定超员率时，列车长及时拍发超员电报控制客流。

11. 在始发站发生列车客流暴涨情况时，送车干部要在站台协助列车组织旅客乘降。途中发生客流暴涨情况时，添乘干部与列车长必须共同在硬座车厢出场，组织旅客安全乘降。

旅客列车客流暴涨情况下的应急处置流程如图 6-30 所示。

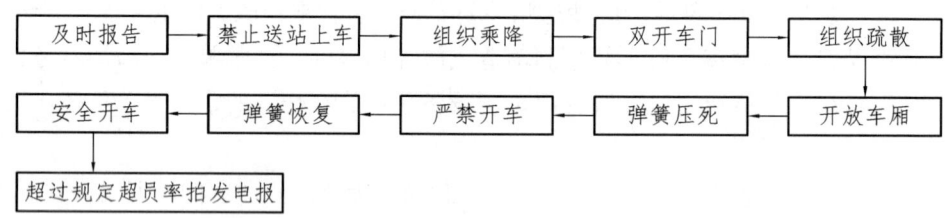

图 6-30　客流暴涨情况下的应急处置流程

第二十一节　旅客列车广播设备途中故障的应急处置措施

1. 广播员首先要及时与设备所属广播工区进行沟通，说明故障情况，听从广播工区人员指导调试，由广播工区人员判断是机器故障还是线路故障。

2. 线路故障可找检车车电员处理，如果是广播机故障，应立即停止使用。

3. 报告列车长,根据运行情况向前方站广播工区发电救援。电报内容应注明时间、车次、机器型号、故障现象,以利于中途站广播工区处理。

4. 借用的设备应出具借条并及时归还。退乘后应书面向广播工区说明情况备查。

5. 广播机发生故障后,广播员严禁代替广播工区维修人员开机检修。

6. 广播设备故障处理后,广播员要认真填写广播设备故障应急处理记录,写明发生故障的时间、区间、故障发生的情况和处理结果,并及时向广播指导汇报。

7. 广播设备无法使用时,列车长要通知各节车厢乘务员,做好到站连环通告。

旅客列车广播设备途中故障的应急处置流程如图 6-31 所示。

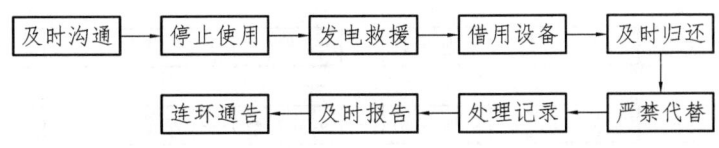

图 6-31　广播设备途中故障的应急处置流程

第二十二节　旅客列车遇恶劣天气时的应急处置措施

一、妥善处置

1. 了解情况。列车因自然灾害原因造成线路中断受阻时,列车长应立即向车辆乘务员或路局客调了解受阻原因、列车停留地点、前方线路情况等。

2. 及时报告。列车长应立即将列车停留车站、受阻原因和车内状况、饮水餐茶供应、燃煤数量等报告列车途经局客调和段总调度室。

3. 坚守岗位。列车长及时召开"三乘"会议,分工负责,保证旅客列车绝对安全。列车长、乘警要加强巡视,乘务人员必须坚守岗位,锁闭车门,防止旅客随意乘降,保证车内秩序良好。

4. 稳定情绪。列车员要耐心对车内旅客做好解释工作,取得旅客谅解,稳定旅客情绪。详细统计旅客人数、去向,对重点旅客要重点照顾。发挥广播作用,适当编排广播节目。

5. 保证供应。注意车内节水、节电、节煤,合理使用列车内的饮用水,注意车内餐料的存量,当列车餐料不足时,立即与车站等有关单位联系购进。饮用水、燃煤不足时,要在保证安全的前提下,千方百计地与有关车站、地方政府联系进行补充。

6. 医疗准备。在旅客中积极查找医生,列车长认真进行登记,如旅客发病,要保证能够及时进行初步救治。

7. 安全防控。做好车内安全宣传,保证旅客安全,防止发生意外。暑期要加强车厢通风和消毒工作,防止旅客中暑、中毒和瘟疫爆发。

8. 实施排险。根据现场需要和上级指示,发动旅客中的党团员、军警人员、医生等,配合有关部门进行排险工作。遇有持调度命令上车的线路抢修人员或需运送抢修物资等情况,列车长要提供方便条件,并做好人员和物资安排工作。

9. 随时联系。加强与停留站的联系，如得到开车命令后，积极组织开车，并随时向段总调度室报告。

10. 车票签字。线路中断停止运行的列车，列车长应在旅客的车票背面注明原因、日期、返回站，并加盖名章，作为旅客免费返回发站、中途站退票、换车或延长有效期的凭证。

11. 汽车转运。旅客需使用汽车转运时，列车长要向车站介绍旅客情况，组织按车厢对旅客编号登记，每车厢指定乘务员负责，逐车向接运人员交接并清点旅客携带物品，会同乘警维护好转运秩序，保证旅客安全转运。

旅客列车遇恶劣天气时的应急处置流程如图6-32所示。

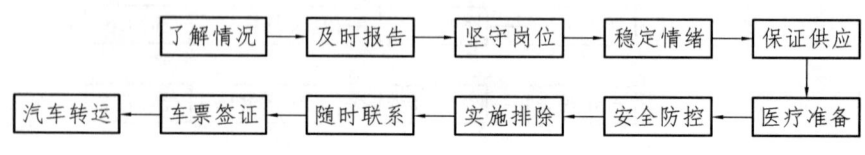

图6-32 遇恶劣天气时的应急处置流程

二、特殊处置

（一）遇树木、建筑物倒塌侵入限界时

1. 列车长要及时与检车员、机车乘务员和车站联系，并稳定好车厢旅客秩序。

2. 需要列车派人进行障碍排除尽快开通区间时，要按上级指示，在判明能够保证安全的情况下，组织"三乘人员"和休班的乘务员进行障碍排除（当班坚守岗位的乘务员除外），必要时组织旅客参加。

3. 如遇大树被风刮倒，碰挂电线（高压线）时应先判断是否带电，要保持10 m以外的距离，先通知有关单位断电后再进行处理。

4. 障碍排除后，必须会同有关人员检查线路修复情况，以确保列车安全行驶。

遇树木、建筑物倒塌侵入限界时的处置流程如图6-33所示。

图6-33 遇树木、建筑物倒塌侵入限界时的处置流程

（二）遇洪水浸没车轮时

1. 停车后首先协助检车员按规定做好列车的防护工作。列车长要加强与检车员、司机和临近车站、上级客调的联系，听从指挥，服从调度命令，按上级的命令指示进行应急处理。

2. 利用列车广播、乘务员宣传等方式，将情况向旅客通报，认真做好解释工作，取得旅客谅解。

3. 一旦发行列车前后断道不能运行，情况十分危急时，列车长要发动党、团员，依靠人民解放军和旅客医务工作者，救助受伤人员，根据实际情况组织旅客往地势较高且安全的地方转移。

4. 列车长核实下车旅客的人数、分布状况和组织工作的重点，做好重点工作安排。由列车员负责下车旅客安全，按照先重点后一般的原则，组织安排好老人、儿童等重点旅客安全下车，并将情况及时通知有关车站。

5. 做好安全保卫工作，贵重物品、现金、票据入柜加锁保管。

遇洪水浸没车轮时的应急处置流程如图 6-34 所示。

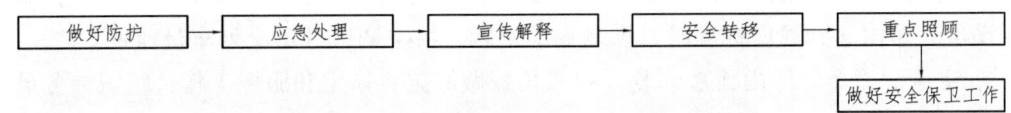

图 6-34　遇洪水浸没车轮时的应急处置流程

（三）遇地震影响列车安全时

1. 列车长要加强与检车员、司机和临近车站、上级客调的联系，听从指挥，服从调度命令，并做好旅客的稳定和疏散工作，确保旅客人身的绝对安全。

2. 利用列车广播、乘务员宣传等方式，将情况向旅客通报，认真做好解释工作，取得旅客谅解，平息谣言、稳定情绪。

3. 一旦发生列车处于地震直接影响区，震感强烈、周围山体有滑坡、落石预兆，情况十分危急时，要坚持"以人为本，安全第一"的原则，列车长要发动党、团员，依靠人民解放军和旅客医务工作者，根据实际情况组织旅客往安全的地方转移，确保旅客生命及财产安全。

4. 疏散旅客方法：列车在得到上级指示向车站疏散旅客时，列车长应首先对列车"三乘"人员进行分工，保证安全、有序地转移旅客和行包；列车在站内停车，得到上级指示需要列车组织旅客下车时，列车长应在全面安排的基础上，同车站联系沟通，确认无误后方可组织。

5. 列车长核实下车旅客的人数、分布状况和组织工作的重点，做好重点工作安排。由列车员负责下车旅客安全，按照先重点后一般的原则，组织安排好老人、儿童等重点旅客安全下车，并将情况及时通知有关车站。

遇地震影响列车安全时的应急处置流程如图 6-35 所示。

图 6-35　遇地震影响列车安全时的应急处置流程

第二十三节　旅客列车空调发生故障时的应急处置措施

为减少旅客列车空调失效对旅客运输造成的影响，做好旅客列车空调失效时的应急处置工作，根据路局《旅客列车空调失效应急处置办法》，特制定本预案。

适用范围：适用于直供电机车、发电车、接触网故障及停于无电区等情况下空调机组无法使用或空调机组故障，严重影响旅客需求时。

一、空调一般故障应急处理

1. 乘务员要经常巡视车厢，观察调整车内温度，发现空调故障及时通知空调乘务员和列车长，列车员不得擅自维修和违章操作空调设备。

2. 当使用空调控制自动位车内不能达到标准温度时，由发电车乘务员将空调控制打到手动位。车内达到温度标准时，恢复自动位后，由空调乘务员交列车员监控。

3. 空调故障短时间内无法修复，列车长要做好旅客稳定和服务工作，组织乘务员打开车窗，做好通风工作和饮水供应，不得激化矛盾，在临近车厢有条件时可将故障车厢的旅客调到其他车厢，化解矛盾。

4. 列车长组织乘警、列车员做好秩序维护、宣传解释、旅客安抚和车厢巡视工作，及时处置突发情况。

5. 列车发生空调故障超过 20 min 无法修复时，列车长应立即向段调度室和车队报告，内容包括：空调故障发生时间、车次、车体号、故障区段、故障车厢号、故障原因、车辆人员对故障如何处理、故障车厢旅客情绪反映、客运人员如何处理等。

6. 遇有旅客提出退票，列车长要及时向领导汇报，听候指示。

空调一般故障应急处理流程如图 6-36 所示。

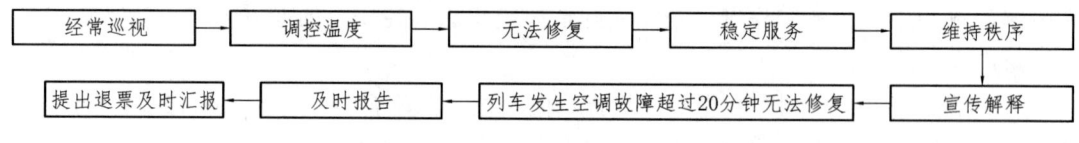

图 6-36 空调一般故障应急处理流程

二、严重空调故障应急处理

当列车发生严重空调故障，如：列车多节车厢空调故障；直供电列车机车不送电，空调失效但列车可维持运行等情况时，启动以下应急处理：

（一）故障确认

1. 列车多节车厢空调故障，检车人员到场处理，超过 20 min 无法修复。

2. 直供电列车全列不供电，但列车继续运行时，列车长要用对讲机与司机确认故障，联系方式为：

（1）在无线列调区段，列车长、司机间通信采用列车当前区段无线列调频点 f4 进行通信。

（2）在 GSM-R 区段，列车长、司机间通信采用进入 GSM-R 区段前的无线列调频点 f4 进行通信。

（3）通信方式为同频单工方式。列车长呼叫司机按信令方式呼叫。

（二）情况报告

1. 列车长应立即报告，内容为：空调故障发生时间、车次、车体号、故障区段、故障车厢号、故障原因、车辆人员对故障如何处理、故障车厢旅客情绪反映、客运人员如何处理等。

2. 及时向铁路局调度汇报，听从调度部门指示。

3. 空调失效超过 20 min 不能恢复时，列车长可视情况通知司机，向列车调度员提出在前方最近客运营业站停车请求。

（三）停站组织

1. 在车站停留时，应打开车门通风。必要时，请示调度，与车站人员共同组织将旅客疏散到车站安全处所，等待故障修复、救援或组织旅客换乘其他旅客列车。

2. 需要组织旅客下车或换乘其他列车时，应在车站站台进行，车站与列车一起组织旅客乘降。必须在站内正线或区间组织旅客下车或换乘时，需经铁路局主管运输副局长（总调度长）批准，同时要做好安全防护，以防发生意外。

第二十四节　旅客列车遇地震灾害时的应急处置措施

一、因地震线路中断列车受阻时的应急处理方法

1. 了解情况。列车因地震线路中断受阻时，列车长应立即向车辆乘务员了解列车停留地点，前方地震情况。

2. 及时报告。列车长应立即将列车停留车站、受阻原因和车内状况等报告段调度室和车队。同时将车内的旅客状况、饮水、餐茶供应、保有量等情况报告相关局客调。

3. 坚守岗位。乘务人员必须坚守岗位，锁闭车门，防止旅客随意乘降。

4. 稳定情绪。列车乘务人员要耐心对车内旅客做好解释工作，取得旅客谅解，稳定旅客情绪。

5. 饮食供应。注意车内节水、节电，合理使用列车内的饮用水，注意车内餐料的存量，当列车餐料不足时，立即与车站等有关单位联系购进。饮用水不足时，要在保证安全的前提下，千方百计地与有关车站、地方政府联系进行补充。

6. 医疗准备。在旅客中积极查找医生，列车长认真进行登记，如列车发生旅客发病时，保证能够及时进行初步救治。

7. 安全控制。做好车内安全宣传，保证旅客安全，对重点旅客做好重点照顾，防止发生意外。暑期，要加强车厢通风和消毒工作，防止旅客中暑、中毒和瘟疫爆发。

8. 随时联系。加强与停留站的联系，如得到开车命令后，积极组织开车，并随时向

段调度室和车队报告。

9. 干部到场。发生地震灾害时,段应立即指派副段长以上干部,带领担当车队干部赶到现场,指导列车处理即时发生的各类问题。

因地震线路中断列车受阻的应急处理流程如图 6-37 所示。

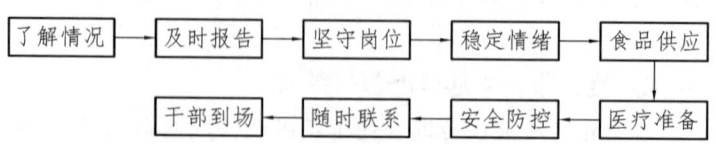

图 6-37 因地震线路中断列车受阻时的应急处理流程

二、列车区间遇险时的应急处理方法

1. 坚守岗位。列车在区间遇地震被迫停车时,全体乘务人员必须坚守岗位,锁闭车门,防止旅客随意乘降。

2. 了解情况。列车长应立即通过车辆检车长、司机了解前方情况,以及停车的具体时间、位置等。

3. 联系报告。及时与就近车站取得联系并向段调度室和车队报告。

4. 实施排险。根据现场需要和上级指示,发动班组抢险和动员旅客中党团员、军警人员、医生等,配合有关部门进行排险工作。

5. 特殊情况处理。

(1) 运行中遇有树木、建筑物倒塌侵入限界时:

① 列车长要及时与检车员、机车乘务员和车站联系,并稳定好车厢旅客秩序。

② 需要列车派人进行障碍排除尽快开通区间时,要按上级指示,在判明能够保证安全的情况下,有组织地做好排险工作,防止乘务员、旅客漏乘。

(2) 遇地震直接影响列车安全时:

① 列车长要加强与检车员、司机和临近车站、上级客调的联系,听从指挥,服从调度命令,并做好旅客的稳定和疏散工作,确保旅客人身的绝对安全。

② 一旦发生列车处于地震直接影响区,震感强烈、周围山体有滑坡、落石预兆,情况十分危急时,要坚持"以人为本,安全第一"的原则,列车长要发动党、团员,依靠人民解放军和旅客医务工作者,根据实际情况组织旅客往安全的地方转移,确保旅客生命及财产安全。

③ 疏散旅客方法包括:列车在得到上级指示向车站疏散旅客时,列车长应首先对列车"三乘"人员进行分工,保证安全、有序地转移旅客和行包;列车在站内停车,得到上级指示需要列车组织旅客下车时,列车长应在全面安排的基础上,同车站联系沟通,确认无误后方可组织。

④ 利用列车广播、乘务员宣传等方式,将情况向旅客通报,认真做好解释工作,取得旅客谅解。

⑤ 车长核实下车旅客的人数、分布状况和组织工作的重点，做好重点工作安排。

⑥ 本着安全第一的思想，由列车员负责确认下车旅客，坚持先重点后一般的原则，组织安排好老人、儿童等重点旅客安全下车，并将情况及时通知有关车站。

⑦ 将疏散旅客情况及时报告段调度室，接受下一步工作指示。

6. 饮食供应。本着保证重点旅客需求的原则，妥善安排旅客的饮食供应工作，如列车饮用水、餐料不能保证旅客需求时，及时向就近站、当地政府请求援助，保证旅客饮水饮食供应。

7. 安全控制。列车乘务人员必须努力保证旅客安全，对重点旅客做到"三知、三有"，防止旅客伤害事故发生。如因意外情况造成人员伤亡时要千方百计组织救治，并通过车辆乘务员、司机用电台向就近车站、所在局调度指挥人员、客运管理部门及本局有关部门报告或同地方政府联系，请求协助救治。

8. 随时联系。随时与抢险指挥和相关站保持联系，并及时报告现场发生、处理情况。

9. 接受指示。遇有持调度命令上车的线路抢修人员或需运送抢修物资等情况时，列车长要提供方便条件，并做好人员和物资安排工作。

10. 干部到场。发生地震灾害时，段应立即指派副段长以上干部，带领担当车队干部赶到现场，指导列车处理即时发生的各类问题。

列车区间遇险时的应急处理流程如图 6-38 所示。

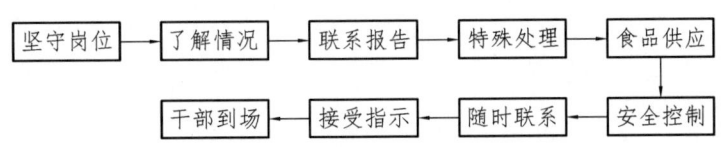

图 6-38 列车区间遇险时的应急处理流程

第二十五节 旅客列车行车事故造成旅客伤亡时的应急处置措施

发生行车重大、大事故造成旅客伤亡时，应按以下程序处置。

1. 组织抢救：列车长、乘警要组织乘务人员迅速抢救，将伤亡人员编制客运记录，移交车站，送医院抢救。列车在区间发生事故时，列车长要组织利用一切可以利用的交通工具，迅速将受伤人员送往就近医院进行抢救。

2. 保护现场：列车长要组织列车工作人员配合公安人员保护好现场，维持秩序，以免发生混乱现象，对伤亡旅客的车票、财物等应会同公安人员编制记录，交处理站妥善保管。

3. 认真取证：列车工作人员协助公安人员收取见证人、当事人、同行人的书面材料及绘制事故现场略图或拍照。

4. 派人看守：站车在有关人员没有到达现场以前，应组织人员看守，在区间看守确有困难时，准予雇人看守。

5. 及时报告：列车长要及时按"突发事件处理及信息反馈流程"及相关规定报告具体情况。

旅客列车行车事故造成旅客伤亡时的应急处置流程如图 6-39 所示。

组织抢救 → 保护现场 → 认真取证 → 派人看守 → 及时报告

图 6-39　行车事故造成旅客伤亡时的应急处置流程

第三部分　案例分析

第七章　旅客伤害、疾病和车内治安案件的突发事件

第一节　列车上发生神情、行为异常旅客事件

××××年××月××日凌晨××时××分，××站开往××站的××××次列车运行至××站至××站区间时，在××号和××号车硬座车厢连接处，一男子突然劫持一名同路工友，用一个打碎了的啤酒瓶逼住一名穿黄上衣的男子，大喊："赶快停车，我要下车回家，不然我就把他杀了"，经过一个小时的谈判，该男子的情绪逐渐趋于平静，趁该男子不备，列车长和乘警将其制服，一名乘警的胳膊被该男子划伤，经了解，该男子有突发精神病史，请问列车工作人员应如何处理？

这是旅客在长时间旅行中出现神情、行为异常，突发精神病伤人的事件，列车应采取有效处置措施，确保旅客的安全。

主要措施和注意事项是：

1. 加强巡视。乘务员要经常巡视车厢，注意观察旅客的动态，及时发现神情、行为异常旅客。

2. 立即报告。乘务员发现旅客异常行为时，要立即通知列车长、乘警在最短时间赶到现场，妥善采取措施，并极力稳住旅客情绪。

3. 积极抢救。对受伤旅客通过广播寻找医生进行救治。

4. 站车交接。列车长编制客运记录，将神情、行为异常旅客按规定移交到站或换乘站处理，但不得转交中途站（特殊情况附有旁证材料2份及以上）。

第二节　列车上发生旅客意外伤害事件

××××年××月××日，××××次（新型空调列车）××站开车后，在硬座××号车厢内，由于列车晃动严重，一名女性旅客从行李架上取自己的行李时，没能拿住行李，手滑突然行李脱落砸到另外一名旅客的头上，将该旅客的头部砸伤，伤口大约3 cm，血流不止，被砸伤的旅客要求在前方停车站下车治疗，列车长同意，请问此事件应如何处理？

这是一起非责任旅客伤害事故，列车长应编制客运记录，将旅客移交前方停车站按

章进行处理。

主要措施和注意事项是：

1. 赶赴现场、及时报告。列车上发生旅客人身伤害事故时，列车长应会同乘警立即赶到现场，并向有关领导报告。

2. 检查伤情、收集旁证。检查旅客受伤情况，并采取救治措施，通知列车"红十字"救护员立即将列车急救药箱传到事故现场，对旅客进行简单的包扎处理。根据现场的实际情况收集不少于2份的旁证材料（包括受伤者）。旁证人员必须具有完全民事责任，能够证明事件发生的整个过程、原因和结果。

3. 编制记录。列车长编制客运记录将旅客移交到前方停车站。旅客如无同行人，视伤势情况会同乘警共同对随身携带品清点登记，并按清单与车站签字交接。

4. 拍发铁路电报。报告有关领导周知。拍发电报时要注明列车编制了几号客运记录。

第三节　列车上发生治安案件事件

××××年××月××日，××××次（新型空调列车）××站开车后，硬座××号车，车内大约有二十多名旅客，其中有两名醉酒旅客因争抢座位发生口角，其中一名女性旅客，手拿啤酒瓶，手舞足蹈，大声叫喊。乘务员立即用对讲机通知列车长到场，车长到场时发现醉酒女性旅客正在辱骂周围旅客和一名乘务员，列车长和列车员上前制止，遭到醉酒旅客谩骂和连续殴打，列车长下体被男性醉酒旅客打伤，乘务员头部被女性醉酒旅客用酒瓶击打，列车长和乘务员分别被打倒在地，整个过程中列车长和列车员始终克制，做到打不还手、骂不还口。这时两名乘警到场，两名醉酒旅客依然谩骂周围旅客和乘务员，并动手打了其中一名乘警，男性醉酒旅客欲强行拔出灭火器行凶，被其他列车员控制住。

这个事件中两名醉酒旅客在车内寻衅滋事，殴打列车长和列车员，列车长和列车员做到了打不还手、骂不还口。两名醉酒旅客在车内继续行凶，被及时制止，并按照规定下交车站，确保了旅客和列车的安全。

主要措施和注意事项是：

1. 立即到场、维护秩序。列车长、乘警接到报告后立即赶到现场，积极处理。安抚旅客情绪，防止发生旅客跳车、挤伤、误伤等。

2. 现场控制、及时报告。乘务人员应机智、勇敢、动员车内旅客共同采取果断措施，制止不法分子行凶。列车长及时将有关情况向段调度室汇报。

3. 协助调查、救治伤者。列车工作人员配合乘警进行调查取证。对受伤旅客广播找医务人员到场救治。

4. 收集旁证、按章移交。收集不少于2份的旁证材料；应由列车乘警办理车站移交。需动用客运记录时，乘警长要在客运记录上签字。

第四节　动车组列车发生食物中毒事件

××××年××月××日，××站开往××站的××××次（动车）列车，××站开车后，××号车厢一名旅客找到列车工作人员，自述吃过自带的小食品后（食品变质，袋内食品发霉），感觉腹部疼痛，并有呕吐现象，乘务员用对讲机通知列车长和乘警到场，并通过广播寻找医务人员，经医务初步诊断，该旅客为食物中毒，列车对其进行简单救治，并用塑料袋封存其剩余食物，收集旅客的呕吐物。

这个事件是因在列车上食用变质食品导致旅客食物中毒，列车应启动应急预案，有效处置，联系救护车于前方停车站及时救治。

主要措施和注意事项是：

1. 立即汇报：列车发生旅客疑似食物中毒事件时，列车长应立即赶往现场，了解情况并向司机和段总值班室报告。

2. 初步救护：对疑似中毒旅客采取初步救治措施，并积极广播寻找医生，参与救护。

3. 停止销售：立即停止可能导致旅客中毒的食物销售，保护好现场，并采取措施追回售出的可疑食物，防止事态扩大。

4. 收集污物：列车长和车站工作人员应收集患者呕吐物、排泄物和剩余食品，使用密闭清洁容器存放待查。

5. 认真调查：列车长、乘警应组织开展调查工作，询问患者，了解经过，及时掌握相关资料。积极配合现场的医疗单位和铁路疾控部门开展工作。

6. 办理交接：做好疑似中毒旅客交站的工作；做好疑似中毒旅客、患者呕吐物、排泄物和剩余食品的交接工作。

第八章　运行变化的突发事件

第一节　旅客跳车突发事件

××××年××月××日，××××次列车烟筒山至吉林段，一名男性旅客用安全渡板击碎硬座车厢××号车厢列车运行右侧的三位车门玻璃并跳车死亡，请问列车应如何处理？

这是列车运行中旅客击碎列车车门玻璃跳车死亡事件。

主要措施和注意事项是：

1. 立即停车，及时报告。危及人身安全时应立即使用紧急制动阀停车，停车时避开桥梁、隧道。在不具备停车条件时，列车长应通过车辆乘务员通知就近车站派人寻找。

2. 及时到场、调查取证。列车长会同乘警、检车长赶到现场确认旅客跳车部位，寻找有无同行人及遗留物品。寻找目击证人，如有条件要对跳车现场进行拍照。

3. 收集旁证、按章处理。由列车乘警收集不少于 2 份以上的证实材料。编制客运记录（错过停车时机除外），并在前方停车站拍发事故电报。

第二节　列车晚点突发事件

××年××月××日，××××次列车因大雾，列车运行慢，突然××号车厢的旅客非常激动地围住列车长，只见列车长满脸是汗，一直向旅客解释，大约过了 5 min，旅客才渐渐平静下来，回到了各自的座位。这时列车长拿出自己的电话向领导汇报：列车因晚点导致部分赶飞机的旅客有可能误机，因而在车厢内围攻列车长，经过列车长的耐心解释和安抚，旅客才安定下来。

这个事件是因天气原因，导致列车晚点。

主要措施和注意事项是：

1. 及时报告。列车晚点 30 min 时，列车长应向段调度室和车队报告。对终到或中间站需中转换乘旅客进行登记，要将旅客人数、换乘车次向局客调汇报。

2. 稳定情绪。列车长要代表铁路通过广播向旅客道歉，安抚稳定旅客，耐心做好解释解答工作，并向旅客说明晚点原因。（注：晚点或线路中断原因，以铁路局客运调度通报内容为准。）

3. 及时反馈。当旅客提出要求时，要认真听取旅客代表意见，将情况及时反映给段领导和上级有关部门，妥善处理，不得激化矛盾。

4. 饮食供应。停留时间较长时，列车要注意节约用水，合理分配餐料，本着保证重点旅客需求的原则，妥善安排饮食供应工作。

5. 保持联系。列车长使用的手机要保证经常开机，及时与段和车队做好沟通，并接受上级部门、段领导的安排。

第三节　动车组故障启用热备车体事件

××××年××月××日，××站开往××站的××××次列车运行至长吉城际盘道岭隧道 K50+1 m 处，因多个车厢车体发生故障无法继续运行，车上旅客比较多，因长时间停留旅客有了不良反应和激动情绪。随车机械师下车到轨道上检查，经检查确认无法修复，并用对讲机向司机汇报，司机立即向调度员报告，根据实际情况和领导的批准启动热备车体进行救援。

这个事件中，列车在隧道内发生故障无法运行，需启用热备车体进行救援，列车启动隧道内发生事故的应急预案，将旅客疏散到安全地带等待救援。

主要措施和注意事项是：

1. 及时报告。列车长应及时与司机或列车停留地车站、调度联系，需要时用专用数字通信设备与铁路局客调联系，同时报告段调度室。

2. 疏散旅客。按调度员命令要求的疏散路线组织疏散。乘务员得到疏散旅客指令后，带好照明灯高举引导旗做好责任车厢内的旅客疏散工作。

3. 做好防护。乘务员先行到达指定车门处在车下做好安全防护工作，防止旅客在车门处发生人身伤害。同时告知旅客靠近隧道墙壁站立，严禁上线和侵入线界。

4. 旅客下车完毕后，由列车长巡视车厢确认车内有无遗留人员。经确认后告知司机车内人员已全部下车。确认横通道位置时，由靠近横通道乘务员在前部引导旅客进入横通道，并通往另一条线路。

5. 待列车长确认列车所有旅客及工作人员全部撤离隧道及斜井后，列车长指挥全体乘务人员把旅客组织到安全地带，等待救援列车到达。

第九章 列车设备设施故障的突发事件

第一节 车门故障突发事件

××年××月××日××时××分，××××次××站××号车旅客乘降完毕后，列车员上车放翻板时，发现车门翻板卡锁冻结，造成翻板不能放下，车门无法关闭、锁闭。请问列车应如何处理？

这个事件是因处理不当造成列车敞门运行，其危害一是易造成旅客从车门坠落伤害事故；二是途中被中间站拦停造成行车一般事故。

主要措施和注意事项是：

1. 本节车厢乘务员应立即用对讲机向列车长报告车门故障情况，列车长会同检车员立即到达故障车门现场。

2. 本节车厢乘务员立即锁闭车厢内端门，在故障车门处防护，防止旅客在通过台处行走时从敞开车门坠落摔伤；通知相邻车厢列车员及时锁闭与故障门相邻的内端门并做好安全宣传工作。

3. 车辆检车员不能及时修复故障车门时，由检车员用行车对讲机通知前方车站，汇报车门故障及采取防护措施。

4. 到达前方停车站后，检车员迅速进行修复。确定不能修复的，设法将翻板落下，本节车厢列车员使用车门压脚压住翻板，将车门加双锁。途中组织旅客乘降时禁止使用此车门并随时监控该车门，组织旅客从相邻车门乘降。

5. 本节车厢列车员在《乘务日志》设备设施故障栏填记相关内容，列车长将故障车门问题及时引记在《三乘检查记录簿》中，终到督促列车检车员入库及时修复。

第二节 发生车厢停电（馈电）事件

××××年××月××日××时××分，××××次（空调）××站开车后，硬座××号车厢照明灯突然熄灭。该车厢列车员快速赶到乘务室把应急照明开关打开，车厢两头的照明灯亮，车厢内有微弱亮光。列车员用对讲机通知列车长和检车员，检车员到配电室检查线路。

这个事件若处置不及时，易造成如下影响：一是给不法分子造成侵害旅客身体及盗窃可乘之机；二是造成旅客投诉。

主要措施和注意事项是：

1. 本节车厢立即打开应急照明灯。

2. 用对讲机告知列车长并通知检车员迅速到场处置。

3. 检车员不能马上恢复车厢照明的，列车长及本节车厢乘务员对车厢旅客进行安抚，动员旅客到相邻车厢乘坐。

4. 对不愿到相邻车厢的旅客，列车员要重点进行巡视、检查、关注和服务。

5. 本节车厢乘务员、列车长按规定将照明故障问题及时引记在《列车三乘检查记录簿》中，列车终到时督促检车员入库交接修复。

第三节　动车组列车空调故障事件

××××年××月××日，××站开往××站的××次列车××站开车，××号车厢内的一名旅客向列车工作人员抱怨车内空调温度较高。乘务人员用对讲机立即通知列车长和随车机械师。随车机械师到车厢一端的配电柜进行修复，几分钟后，随车机械师打电话向领导请示，要求安装防护网降速运行，经领导批准后，机械师逐个开启安装防护网的车门并固定，打开运行方向左侧车厢的前门，乘务员将防护网安装完毕后通知随车机械师确认，经随车机械师确认安装牢固后。列车长用对讲机通知司机可以停车开门。

这个事件是因动车组列车因空调故障无法修复，列车启动应急预案，安装防护网降速运行。

主要措施和注意事项是：

1. 信息传递。列车长应立即通知随车机械师到场处置，跟踪掌握修复情况。

2. 及时汇报。超过 15 min 故障仍未排除，列车长应向路局动车调度报告及段调度室汇报。

3. 解释安抚。故障超过 20 min，列车长要及时向旅客通报情况并致歉，积极做好各项服务工作，积极帮助旅客解决困难，稳定旅客情绪。

4. 开门准备。需开门通风时，列车长通过动车组司机请示路局列车调度开门方案。列车长接到路局调度员可开门限速运行的口头指示，并认真记录、核对命令，启动列车开门通风预案。

5. 组织安网。机械师负责打开存放防护网的备品柜门，列车长组织乘务员、保洁员安装防护网。

6. 停车开门。司机在规定地点停车后，机械师逐个开启安装防护网的车门并固定，打开运行方向左侧（无会车一侧）车厢的前门，乘务人员按车门分工坚守车门，进行安全防护。

7. 恢复运行。列车长、机械师确认开车条件后，通知司机开车。

第十章　自然灾害和火灾爆炸的突发事件

第一节　沿途发生树木倾倒侵限事件

××××年××月××日，××××次（新型空调列车）在运行途中，司机发现前方不远处有一棵大树倒在线路上，于是立即停车。

这是沿途发生树木倾倒侵限，导致列车临时停车的事件。

主要措施和注意事项是：

1. 停车后首先协助车辆检车长按规定做好安全防护工作，并保持与上级的通信联系。

2. 需要列车派人进行排除障碍尽快开通区间时，要按上级指示，在判明能够保证安全的情况下，组织"三乘人员"和休班的乘务员进行障碍排除（当班坚守岗位的乘务员除外），必要时组织旅客参加。

3. 如遇大树被风刮倒，碰挂电线（高压线）时应先判断是否带电，要保持 10 m 以外的距离，先通知有关单位断电后再进行处理。

4. 障碍排除后，必须会同有关人员检查线路修复情况，以确保列车安全行驶。必须保证抢险人员全部上车后，在确保安全的情况下，列车方可起动。

5. 处理经过要及时向上级领导汇报。

第二节　动车组列车发生感烟装置报警事件

××××年××月××日，××××次动车组在××站始发运行至××站外 9.355 km 处时，××号烟雾报警，列车立即降速。之后列车长立即赶往××号车，边走边用对讲机与机械师和乘警对话，列车长打开厕所门，发现一名男旅客正站在厕所内吸烟，列车长和乘警立即制止，这名男旅客按下厕所洗手盆的感应器将烟头用水灭掉。之后列车长进入厕所查看，机械师也到达到场进行确认，司机用对讲机呼叫列车长："烟雾报警已解除"。列车恢复正常运行。乘警拿出本和笔，按规定对刚才在厕所内吸烟的旅客进行登记、核实。

这个事件是因旅客在动车组列车上吸烟造成列车降速，列车启动应急预案。

主要措施和注意事项是：

1. 立即到场。当列车长接到司机车厢厕所烟感报警时，列车长要立即通知所在车厢列车员、乘警、随车机械师赶到现场，察看原因，并立即向段调度室、路局动调报告。

2. 及时处置。如发现因厕所内旅客吸烟导致烟感报警，由列车长、机械师、乘警共同确认后，在未发现火源和不危及列车防火安全的情况下，要立即将情况向司机报告。同时，要检查厕所内是否有烟头，垃圾箱、手纸盒内是否有火种、火星等。

3. 排查人员。如现场发现吸烟旅客，乘警要按规定进行登记、核实，并按有关规定进行处理。如现场未能发现吸烟旅客，列车长要组织乘警对旅客进行排查，并将排查情况和处理结果向路局动调、段调度室汇报。

4. 及时广播。通知列车降速原因，并做好禁烟宣传。

第十一章　群体上访事件和社会反映问题的突发事件

××××年××月××日，××××次在××站开车后，××号车列车员按规定查验车票时发现几名相熟的路内职工均持××站至××站的车票，他感觉事情有些异常。从车厢一端验到另一端后，列车员在与相熟的几名路内职工闲聊中了解到，他们一共是11人。列车员来到通过台立即用对讲机将情况通知列车长，列车长和乘警立即赶到现场与他们交谈。

这是一起群体乘车上访事件。

主要措施和注意事项是：

1. 及时报告。列车在局管内运行发现上访旅客时，首先要向段领导、调度室汇报；在外局运行的列车上发现人数较多的上访人员时，通过车辆乘务员电台通知前方站或调度所，转告列车运行所在局客运处并向派班报告。

2. 安抚旅客。要积极做好宣传、教育和劝阻工作，尽最大努力动员其终止旅行。

3. 正确处理。列车上发现持有效车票的地方人员上访时，应按正常旅客对待；发现无票上访人员时，要会同列车公安人员按规定编制记录，交车站处理。对拒绝下车的上访旅客，应积极做好宣传劝阻工作，动员其下车。

第四部分　突发事件下客运记录与铁路电报填写实例

第十二章　旅客在列车上受到伤害填写实例

第一节　列车上发生旅客烫伤时的应急处置

一、管内旅客列车上发生旅客烫伤时的应急处置

2018年3月19日，K7333次列车（大连—延吉，新空调快速，中国铁路沈阳局集团有限责任公司吉林客运段担当乘务工作），沈阳北站到站前，旅客张××（身份证号2105221968××××2899，持大连站至吉林站的新空调硬卧车票，13车006号中铺，票号Y069323）在为同行儿子张亮（男，3岁）泡面时，不慎将面碰倒，造成儿子大腿内侧烫伤。问列车如何编制客运记录和铁路电报？

【客运记录样式】

沈　阳　铁　路　局　　　　　客统一 1

客 运 记 录

第 13 号

记录事由：	移交烫伤旅客
沈阳北站：	
2018 年 3 月 19 日，K7333 次列车沈阳北站到站前，旅客张××（身份证号 2105221968××××2899，持大连站至吉林站的新空调硬卧车票，13 车 006 号中铺，票号 Y069323）在为同行儿子张亮（男，3 岁）泡面时，不慎将面碰倒，造成儿子大腿内侧烫伤。列车广播找医护人员采取了简单的包扎处理，现移交你站，请按章办理。	
附：1. 大连站至吉林站有效车票一张，票号 Y069323。	
2. 旁证材料两份。	
特此记录	
注： 　　1. 站、车需要编制记录时适用。 　　2. 本记录不能作为乘车凭证。	

吉林客运　站段＼站段　　编制人员　（印）
　　　　　　　　　　　　 签收人员　（印）

2018 年 3 月 19 日编制

客运记录 1-1

【铁路电报样式】

铁路总公司

铁路 电报   第 13 号

发报所 fbj	电报号码 xo	组数 zs	等级 dj	日期 rq	时分 sf	附注 fz

主送：沈阳北站

抄送：中国铁路沈阳局集团有限责任公司客运处　吉林客运段

电文：2018年3月19日，K7333次列车，沈阳北站到站前，旅客张××（身份证号2105221968××××2899，持大连站至吉林站的新空调硬卧车票，13车006号中铺，票号Y069323）在为同行儿子张亮（男，3岁）泡面时不慎将面碰倒，造成儿子大腿内侧烫伤，列车已为其敷烫伤膏进行简单的治疗。因伤势较重，旅客要求下车治疗，列车编制了13号客运记录将旅客移交沈阳北站，特此电告。

K7333次列车长于沈阳北站

2018年3月19日

铁路电报 1-1

二、跨局旅客列车上发生旅客烫伤时的应急处置

2018年3月25日，K77次列车（宁波—长春，新空调快速，中国铁路沈阳局集团有限责任公司吉林客运段担当乘务工作），天津站开车后（前方停车站是唐山站），旅客赵××（身份证号2202831970××××3914，持天津站至吉林站的新空调硬座车票，03车057号，票号Q024189）在为同行儿子赵明（男，3岁）泡面时，不慎将面碰倒，造成儿子大腿内侧烫伤。因伤势较重，旅客要求下车治疗。问列车如何编制客运记录和铁路电报？

【客运记录样式】

沈 阳 铁 路 局　　　　　客统—1

客 运 记 录

第 14 号

记录事由：	移交烫伤旅客

唐山站：

　　2018 年 3 月 25 日，K77 次列车天津站开车后，旅客赵××（身份证号 2202831970××××3914，持天津站至吉林站的新空调硬座车票，03 车 057 号，票号 Q024189）泡面时，不慎将面碰倒，造成儿子大腿内侧烫伤。因伤势较重，旅客要求下车治疗。列车广播找医护人员采取了简单的包扎处理，现移交你站，请按章办理。

附：1. 天津站至吉林站有效车票一张，票号 Q024189。
　　2. 旁证材料两份。

特此记录

注：
　1. 站、车需要编制记录时适用。
　2. 本记录不能作为乘车凭证。

　　　　　　　　　站段　　编制人员　　（印）
吉林客运
　　　　　　　　　站段　　签收人员　　　　　　　（印）

2018 年 3 月 25 日编制

客运记录 1-2

【铁路电报样式】

铁路总公司

铁路 电报   第 14 号

发报所 fbj	电报号码 xo	组数 zs	等级 dj	日期 rq	时分 sf	附注 fz

主送：唐山站

抄送：中国铁路沈阳局、北京局集团有限责任公司客运处　吉林客运段

电文：2018 年 3 月 25 日，K77 次列车天津站开车后，旅客赵××，身份证号 2202831970××××3914，持天津站至吉林站的新空调硬座车票（03 车 057 号，票号 Q024189），在为同行儿子赵明（男，3 岁）泡面时，不慎将面碰倒，造成儿子大腿内侧烫伤，列车已为其敷烫伤膏进行了简单的治疗。因伤势较重，旅客要求下车治疗，列车编制了 14 号客运记录将旅客移交唐山站，特此电告。

K77 次列车长于唐山站

2018 年 3 月 25 日

铁路电报 1-2

【注意事项】

1. 主送单位：处理站。

2. 抄送单位：跨局和管内列车均为事故发生地和列车所属铁路局客运处、担当列车乘务工作客运段。

3. 列车要积极抢救烫伤旅客，对烫伤部位用列车急救药箱内的烫伤膏及时进行处理，防止烫伤部位扩大。

4. 由于列车乘务人员工作失误造成旅客烫伤时，一定严格按规定处理，禁止私下送医院治疗或与旅客协商进行"私了"，以免事后发生不必要的麻烦。

5. 收集旁证材料两份及以上。

6. 因车底晃动或者紧急制动等情况造成旅客烫伤时，列车长应向机车乘务员索取书面材料。

第二节　列车上发生旅客挤手时的应急处置

一、管内旅客列车上发生旅客挤手时的应急处置

2018年5月9日，K7375次列车（大连—吉林，新空调快速，中国铁路沈阳局集团有限责任公司吉林客运段担当乘务工作），磐石站到站前，旅客王××（身份证号2206811981××××2173，持瓦房店站至磐石站新空调硬座车票，13车014号，票号B061133）上厕所关门时不慎将旅客孙××（身份证号2202231975××××233X，持梅河口站至磐石站新空调硬座车票，12车079号，票号H022315）右手中指夹破，血流不止。问列车如何编制客运记录和铁路电报？

【客运记录样式】

沈 阳 铁 路 局　　　　　　客统一1

客 运 记 录

第 15 号

记录事由：	移交挤手旅客

磐石站：

　　2018年5月9日，K7375次列车磐石站到站前，旅客王××（身份证号2206811981×××2173，持瓦房店站至磐石站新空调硬座车票，13车014号，票号B061133）上厕所关门时不慎将旅客孙××（身份证号2202231975×××233X，持梅河口站至磐石站新空调硬座车票，12车079号，票号H022315）右手中指夹破，血流不止。列车采取了简单的包扎处理，现移交你站，请按章办理。

附：1. 瓦房店站至磐石站、梅河口站至磐石站有效车票两张，票号B061133、H022315。

2. 旁证材料两份。

特此记录

注：
1. 站、车需要编制记录时适用。
2. 本记录不能作为乘车凭证。

吉林客运　　站段 编制人员　　（印）
　　　　　　站段 签收人员　　　　　　　（印）

2018 年 5 月 9 日编制

客运记录 2-1

【铁路电报样式】

铁路总公司

铁 路 电 报   第 15 号

发报所 fbj	电报号码 xo	组数 zs	等级 dj	日期 rq	时分 sf	附注 fz

主送：磐石站

抄送：中国铁路沈阳局集团有限责任公司客运处　吉林客运段

电文：2018年5月9日，K7375次列车磐石站到站前，旅客王××（身份证号2206811981×××2173，持瓦房店站至磐石站新空调硬座车票，13车014号，票号B061133）上厕所关门时不慎将旅客孙××（身份证号2202231975×××233X，持梅河口站至磐石站新空调硬座车票，12车079号，票号H022315）右手中指夹破，血流不止，列车采取简单包扎处理，编制了15号客运记录将旅客移交磐石站。特此电告。

K7375次列车长于磐石站

2018年5月8日

铁路电报2-1

二、跨局旅客列车上发生旅客挤手时的应急处置

2018年3月25日，K215次列车（北京—图们，新空调快速，中国铁路沈阳局集团有限责任公司吉林客运段担当乘务工作）到达天津到站前，旅客周××（男，43岁，身份证号2202211960×××0830，持北京站至吉林站新空调硬座车票，票号Y009584）上厕所关门时不慎将旅客邹××（身份证号2202111970×××1832，持北京站至吉林站新空调硬座车票，票号C061041）左手中指夹破。问列车如何编制客运记录和铁路电报？

【客运记录样式】

沈 阳 铁 路 局　　　　　　　　客统一 1

客 运 记 录

第 16 号

记录事由：	移交挤手旅客

天津站：

　　2018 年 3 月 25 日，K215 次列车达到天津站前，旅客周××（男，43 岁，身份证号 2202211960××××0830，持北京站至吉林站新空调硬座车票，票号 Y009584）上厕所关门时不慎将旅客邹××（身份证号 2202111970××××1832，持北京站至吉林站新空调硬座车票，票号 C061041）左手中指夹破。列车广播找医务人员进行了简单包扎处理，该旅客要求下车治疗，现移交你站，请按章处理。

附：　1. 北京站至吉林站有效车票两张，票号 Y009577、C061041。

　　　2. 旁证材料两份。

特此记录

注：

1. 站、车需要编制记录时适用。
2. 本记录不能作为乘车凭证。

吉林客运　站段＼站段　　编制人员　（沈局 *** 吉客）（印）
　　　　　　　　　　　　签收人员　（印）

2018 年 3 月 25 日编制

客运记录 2-2

【铁路电报样式】

铁路总公司

铁 路 电 报　　　第 16 号

发报所 fbj	电报号码 xo	组数 zs	等级 dj	日期 rq	时分 sf	附注 fz

主送：天津站

抄送：中国铁路沈阳局、北京局集团有限责任公司客运处　吉林客运段

电文：2018年3月25日，K215次列车到达天津到站前，旅客周××（男，43岁，身份证号2202211960××××0830，持北京站至吉林站新空调硬座车票，票号 Y009584）上厕所关门时不慎将旅客邹××（身份证号2202111970××××1832，持北京站至吉林站新空调硬座车票，票号C061041）左手中指夹破。列车广播找医务人员进行了简单包扎处理，该旅客要求下车治疗。列车编制了16号客运记录将旅客移交天津站。特此电告。

K215次列车长于天津站

2018年3月25日

铁路电报 2-2

【注意事项】

1. 主送单位：处理站。
2. 抄送单位：事故发生地和列车所属铁路局集团有限责任公司客运处、担当列车乘务工作客运段。
3. 发生旅客伤害时，检查旅客受伤情况和车票及财务，并积极抢救受伤旅客，进行简单的包扎处理。
4. 收集旁证材料两份及以上。

第三节　列车上发生天棚盖脱落砸伤旅客的应急处置

一、管内旅客列车上发生天棚盖脱落砸伤旅客时的应急处置

2018年3月18日，K7333次列车（大连—延吉，新空调快速，中国铁路沈阳局集团有限责任公司吉林客运段担当乘务工作）运行在盖州站至大石桥站间，旅客王××（身份证号2102241952×××0027，女，64岁，大连市机械厂退休工人，持大连站至吉林站新空调硬卧车票，13车005号中铺，票号Y069322）在打开13车二位厕所门时，天棚盖突然脱落，将其头部砸伤，伤口约5 cm。问列车如何编制客运记录和铁路电报？（K7333次列车车体属长春车辆段。）

【客运记录样式】

沈 阳 铁 路 局　　　　　客统—1

客 运 记 录

第 17 号

记录事由：	移交砸伤旅客
大石桥站：	
2018年3月18日，K7333次列车运行在盖州站至大石桥站间，旅客王××（身份证号2102241952×××0027，女，64岁，大连市机械厂退休工人，持大连站至吉林站新空调硬卧车票，13车005号中铺，票号Y069322）在打开13车二位厕所门时，天棚盖突然脱落，将其头部砸伤，伤口约5 cm。列车广播找医务人员进行了简单包扎处理，该旅客要求下车治疗，现移交你站，请按章处理。	
附：1. 大连站至吉林站新空调硬卧车票一张，票号Y009577、Y069322。	
2. 旁证材料两份。	
特此记录	
注： 1. 站、车需要编制记录时适用。 2. 本记录不能作为乘车凭证。	

吉林客运　站段╲站段　　编制人员　（印）
　　　　　　　　　　　　签收人员　（印）

2018年3月18日编制

客运记录 3-1

【铁路电报样式】

铁路总公司

铁 路 电 报   第 17 号

发报所 fbj	电报号码 xo	组数 zs	等级 dj	日期 rq	时分 sf	附注 fz

主送：长春车辆段　大石桥站

抄送：中国铁路沈阳局集团有限责任公司客运处、车辆处　吉林客运段

电文：2018 年 3 月 18 日，K7333 次列车运行在盖州站至大石桥站间，旅客王××（身份证号 2102241952×××0027，女，64 岁，大连市机械厂退休工人，持大连站至吉林站新空调硬卧车票，13 车 005 号中铺，票号 Y069322）在打开 13 车二位厕所门时，天棚盖突然脱落，将其头部砸伤，伤口约 5cm。列车广播找医护人员并采取了简单包扎治疗，编制了 17 号客运记录将旅客移交大石桥站。特此电告。

K7333 次列车长于大石桥站

2018 年 3 月 18 日

铁路电报 3-1

二、跨局旅客列车上发生天棚盖脱落砸伤旅客时的应急处置

2018 年 4 月 25 日，1490 次列车（佳木斯—天津，新空调普快，中国铁路哈尔滨局集团有限责任公司佳木斯客运段担当乘务工作，车体属哈尔滨车辆段）运行在德惠站至长春站间，旅客刘××（身份证号 2203821986×××0612，男，30 岁，哈尔滨市宏大电器厂工人，持佳木斯站至沈阳北站新空调硬卧车票，加 1 车 010 号下铺，票号 D013930）在加 1 车二位通过台处吸烟时，天棚盖突然脱落，将其头部划伤，伤口约 5cm。问列车如何编制客运记录和铁路电报？

【客运记录样式】

哈尔滨铁路局　　　客统—1

客 运 记 录

第 18 号

记录事由：　移交砸伤旅客
长春站：
2018 年 4 月 25 日，1490 次列车运行在德惠站至长春站间，旅客刘××（身份证号 2203821986××××10612，男，30 岁，哈尔滨市宏大电器厂工人，持佳木斯站至沈阳北站新空调硬卧车票，加 1 车 010 号下铺，票号 D013930）在加 1 车二位通过台处吸烟时，天棚盖突然脱落，将其头部划伤，伤口约 5 cm。列车广播找医务人员进行了简单包扎处理，该旅客要求下车治疗，现移交你站，请按章处理。
附：1. 佳木斯站至沈阳北站有效车票一张，票号 D01393。
2. 旁证材料两份。
特此记录
注： 　　1. 站、车需要编制记录时适用。 　　2. 本记录不能作为乘车凭证。

2018 年 4 月 25 日编制

客运记录 3-2

【铁路电报样式】

铁路总公司

铁 路 电 报   第 18 号

发报所 fbj	电报号码 xo	组数 zs	等级 dj	日期 rq	时分 sf	附注 fz

主送：哈尔滨车辆段　长春站

抄送：中国铁路沈阳局、哈尔滨局集团有限责任公司客运处　中国铁路哈尔滨局集团有限责任公司车辆处　佳木斯客运段

电文：2018 年 4 月 25 日，1490 次列车运行在德惠站至长春站间，旅客刘××（身份证号 2203821986××××10612，男，30 岁，哈尔滨市宏大电器厂工人，持佳木斯站至沈阳北站新空调硬卧车票，加 1 车 010 号下铺，票号 D013930）在加 1 车二位通过台处吸烟时，天棚盖突然脱落，将其头部划伤，伤口约 5 cm。列车广播找医护人员并采取了简单包扎治疗，编制了 18 号客运记录将旅客移交大石桥站。特此电告。

1490 次列车长于大石桥站

2018 年 4 月 25 日

铁路电报 3-2

【注意事项】

1. 主送单位：所属车辆段、处理站。
2. 抄送单位：事故发生地和列车所属铁路局集团有限责任公司客运处、车体所属铁路局集团有限责任公司车辆处、担当列车乘务工作客运段。
3. 发生旅客伤害时，列车会同乘警检查旅客受伤情况和车票及财务，并积极抢救受伤旅客，进行简单的包扎处理。
4. 收集旁证材料两份及以上。

第四节　飞石击碎玻璃击伤旅客时的应急处置

一、管内旅客列车被飞石击碎玻璃击伤旅客时的应急处置

2018 年 4 月 26 日，K7305 次列车（大连—乌兰浩特，新空调快速，中国铁路沈阳局集团有限责任公司长春客运段担当乘务工作）在四平站到站前大约 5 min，运行方向左侧机次第 3 位第 5 个车窗玻璃被飞石击碎，将旅客李××（男，54 岁，身份证号 2201211962××××5126，持沈阳站至长春站新空调硬座车票，02 车 055 号，票号 U021267）头部击伤，大约有 3 cm 的口子，血流不止，该旅客要求下车治疗。问列车如何编制客运记录和铁路电报？（K7305 次列车车体属沈阳车辆段。）

【客运记录样式】

哈尔滨铁路局　　　　客统—1

客 运 记 录

第 19 号

记录事由：	移交飞石击伤旅客

四平站：

　　2018 年 4 月 26 日，K7305 次列车在四平站到站前大约 5 min，运行方向左侧机次第 3 位第 5 个车窗玻璃被飞石击碎，将旅客李××（男，54 岁，身份证号 2201211962×××5126，持沈阳站至长春站新空调硬座车票，02 车 055 号，票号 U021267）头部击伤，大约有 3 cm 的口子，血流不止。列车广播找医务人员进行了简单包扎处理，该旅客要求下车治疗，现移交你站，请按章处理。

　　附：1. 沈阳站至长春站有效车票一张，票号 U021267。
　　　　2. 旁证材料两份。

特此记录

注：
　　1. 站、车需要编制记录时适用。
　　2. 本记录不能作为乘车凭证。

长春客运段　站段＼站段　　编制人员　（哈局 *** 佳客）（印）
　　　　　　　　　　　　　签收人员　　　　　　　　　（印）

2018 年 4 月 26 日编制

客运记录 4-1

【铁路电报样式】

铁路总公司

铁路 电报　第 19 号

发报所 fbj	电报号码 xo	组数 zs	等级 dj	日期 rq	时分 sf	附注 fz

主送：四平站　四平站驻站派出所

抄送：中国铁路沈阳局集团有限责任公司客运处、车辆处、公安处　沈阳车辆段　长春客运段

电文：2018 年 4 月 26 日，K7305 次列车在四平站到站前大约 5 min，运行方向左侧机次第 3 位第 5 个车窗玻璃被不明物体击碎，将旅客李××（男，54 岁，身份证号 2201211962××××5126，持沈阳站至长春站新空调硬座车票，02 车 055 号，票号 U021267）头部击伤，大约有 3cm 的口子，该旅客要求下车治疗。列车广播找医护人员并采取了简单包扎处理，编制了第 19 号客运记录将旅客移交四平站，特此电告。

K7305 次列车长于四平站

2018 年 4 月 26 日

铁路电报 4-1

二、跨局旅客列车被飞石击碎玻璃击伤旅客时的应急处置

2018 年 4 月 24 日，K386 次列车（成都—沈阳北，新空调快速，中国铁路沈阳局集团有限责任公司沈阳客运段担当乘务工作）在西安站到站前 10 min，运行方向左侧机次第 4 位第 5 个车窗玻璃被飞石击碎，将旅客孔××（身份证号 6103221992××××001X，持宝鸡站至沈阳北站新空调硬卧车票，03 车 009 号下铺，票号 D080134）头部击伤，大约有 5 cm 的口子，血流不止，该旅客要求下车治疗。问列车如何编制客运记录和铁路电报？（K386 次列车车体属沈阳车辆段。）

【客运记录样式】

沈 阳 铁 路 局　　　　　客统一1

 客 运 记 录

第 20 号

记录事由：	移交飞石击伤旅客

西安站：

　　2018年4月24日，K386次列车西安站到站前10 min，运行方向左侧机次第4位第5个车窗玻璃被不明物体击碎，将旅客孔××(身份证号6103221992×××001X，持宝鸡站至沈阳北站新空调硬卧车票，03车009号下铺，票号D080134)头部击伤，大约有5 cm的口子，血流不止。列车广播找医护人员并采取简单包扎处理，该旅客要求下车治疗，现移交你站，请按章处理。

　　附：1. 宝鸡站至沈阳北站有效车票一张，票号D080134。
　　　　2. 旁证材料两份。

特此记录

注：
　　1. 站、车需要编制记录时适用。
　　2. 本记录不能作为乘车凭证。

沈阳客运　站段＼站段　　编制人员　（印）
　　　　　　　　　　　　　签收人员　（印）

2018年4月24日编制

客运记录 4-2

【铁路电报样式】

铁路总公司

铁 路 电 报　　第 20 号

发报所 fbj	电报号码 xo	组数 zs	等级 dj	日期 rq	时分 sf	附注 fz

主送：西安站　西安站驻站派出所

抄送：中国铁路西安局集团有限责任公司客运处、公安处　中国铁路沈阳局集团有限责任公司车辆处　沈阳车辆段　长春客运段

电文：2018 年 4 月 24 日，K386 次列车在西安站到站前 10 min，运行方向左侧机次第 4 位第 5 个车窗玻璃被飞石击碎，将旅客孔××（身份证号 6103221992×××001X，持宝鸡站至沈阳北站新空调硬卧车票，03 车 009 号下铺，票号 D080134）头部击伤，大约有 5 cm 的口子，血流不止，该旅客要求下车治疗。列车广播找医护人员并采取了简单包扎处理，编制了第 20 号客运记录将旅客移交西安站，特此电告。

K386 次列车长于西安站　　（沈局 ※※※ 吉客）

2018 年 4 月 24 日

铁路电报 4-2

【注意事项】

1. 主送单位：事故处理站及车站驻站派出所。
2. 抄送单位：事故发生地和列车所属铁路局客运处、车辆处、驻站派出所所属的铁路局公安处、担当列车乘务工作客运段、列车车体所属车辆段。
3. 发生旅客伤害时，列车会同乘警检查旅客受伤情况和车票，并积极抢救受伤旅客，进行简单的包扎处理。
4. 收集旁证材料两份及以上。

第五节　行李架物品掉落砸伤旅客时的应急处置

一、管内旅客列车行李架物品掉落砸伤旅客时的应急处置

2018年4月27日，K7334次列车（延吉—大连，新空调快速，中国铁路沈阳局集团有限责任公司吉林客运段担当乘务工作）运行至九台至长春站间，4车71号座席李架上的一个黑色旅行箱掉下，砸到旅客陈××（男，49岁，身份证号2224241967×××1317，持延吉站至大连站新空调硬座车票，票号 N030251）的头部。该旅客自述头晕恶心，四肢无力。问列车如何编制客运记录和铁路电报？

【客运记录样式】

沈 阳 铁 路 局　　　　客统—1

客 运 记 录

第 21 号

记录事由：　　移交砸伤旅客
长春站：
2018 年 4 月 27 日，K7334 次列车运行至九台至长春至站间，4 车 71 号座席李架上的一个黑色旅行箱掉下，砸到旅客陈××（男，49 岁，身份证号 2224241967×××1317，持延吉站至大连站新空调硬座车票，票号 N030251）的头部。该旅客自述头晕恶心，四肢无力。列车广播找医生进行救治，该旅客要求下车治疗，现移交你站，请按章处理。 附：1. 延吉站至大连站有效车票一张，票号 N030251。 　　2. 旁证材料两份。 特此记录
注： 　　1. 站、车需要编制记录时适用。 　　2. 本记录不能作为乘车凭证。 　　　　　　　　　　站段　　编制人员　　（印） 　　吉林客运　　　　　　　 　　　　　　　　　　站段　　签收人员　　（印） 　　　　　　　2018 年 4 月 27 日编制

客运记录 5-1

【铁路电报样式】

铁路总公司

铁路 电报   第 21 号

发报所 fbj	电报号码 xo	组数 zs	等级 dj	日期 rq	时分 sf	附注 fz

主送：长春站

抄送：中国铁路沈阳局集团有限责任客运处　吉林客运段

电文：2018年4月27日，K7334次列车运行至九台站至长春站间，4车071座席行李架上的一个黑色旅行箱掉下，砸到旅客陈××（男，49岁，身份证号2224241967×××1317，持延吉站至大连站新空调硬座车票，票号N030251）的头部。列车广播找医护人员进行救治。该旅客自述头晕恶心，四肢无力。列车编制了21号客运记录将旅客移交长春站。特此电告。

K7334次列车长于长春站

2018年4月27日

铁路电报5-1

二、跨局旅客列车行李架物品掉落砸伤旅客时的应急处置

2018年4月25日，K1394次列车（佳木斯—烟台，新空调快速，中国铁路哈尔滨局集团有限责任公司佳木斯客运段担当乘务工作）运行在沟帮子至锦州间，05车029号座席行李架上的一个黑色旅行箱掉落，砸到旅客郑××（男，26岁，身份证号2102211990×××1239，持汤原站至沈阳站新空调硬座车票，票号R047685）的头部。该旅客自述头晕恶心，四肢无力。问列车如何编制客运记录和铁路电报？

【客运记录样式】

哈 尔 滨 铁 路 局　　　　客统一 1

客 运 记 录

第 22 号

记录事由：	移交砸伤旅客

锦州站：

　　2018 年 4 月 25 日，K1394 次列车运行至沟帮子至锦州间，05 车 029 号座席行李架上的一个黑色旅行箱掉下，砸到旅客郑××（男，26 岁，身份证号 2102211990××××1239，持汤原站至沈阳站新空调硬座车票，票号 R047685）的头部。该旅客自述头晕恶心，四肢无力。列车广播找医生进行救治，旅客要求下车治疗，现移交你站，请按章处理。

附：1. 汤原站至沈阳站有效车票一张，票号 R047685。
　　2. 旁证材料两份。

特此记录

注：
1. 站、车需要编制记录时适用。
2. 本记录不能作为乘车凭证。

站段　佳木斯客运　站段

编制人员　　　　（印）
签收人员　　　　（印）

2018 年 4 月 25 日编制

客运记录 5-2

【铁路电报样式】

铁路总公司

铁 路 电 报   第 22 号

发报所 fbj	电报号码 xo	组数 zs	等级 dj	日期 rq	时分 sf	附注 fz

主送：锦州站

抄送：中国铁路哈尔滨、沈阳局集团有限责任公司铁路局客运处　佳木斯客运段

电文：2018年4月25日，K1394次列车运行至沟帮子至锦州间，05车029号座席行李架上的一个黑色旅行箱掉下，砸到旅客郑××（男，26岁，身份证号 2102211990××××1239，持汤原站至沈阳站新空调硬座车票，票号 R047685）的头部。该旅客自述头晕恶心，四肢无力。列车编制了22号客运记录将旅客移交锦州站。特此电告。

K1394次列车长于锦州站

2018年4月25日

铁路电报 5-2

【注意事项】

1. 主送单位：处理站。

2. 抄送单位：事故发生地和列车所属铁路局集团有限责任公司客运处、担当列车乘务工作客运段。

3. 发生旅客伤害时，列车会同乘警检查旅客受伤情况和车票及财物，并积极抢救受伤旅客，进行简单的包扎处理。

4. 收集旁证材料两份及以上。

第六节　紧急制动撞伤旅客时的应急处置

一、管内旅客列车紧急制动撞伤旅客时的应急处置

2018年4月25日，K7357次列车（阜新至沈阳北，新空调快速，沈阳铁路局沈阳客运段担当乘务工作）在沈阳北站到站前，列车进道岔时，晃动特别严重，造成旅客王××（男，42岁，身份证号2109211974×××related×3311，持阜新站至沈阳北站新空调软座03车075号，票号S035110）在通过台处吸烟时，头部撞在风挡处，划出5 cm口子。问列车如何编制客运记录和铁路电报？

【客运记录样式】

沈阳铁路局　　　　　客统—1

客 运 记 录

第 23 号

记录事由：	移交撞伤旅客

沈阳北站：

　　2018年4月25日，K7357次列车在沈阳北站到站前，列车进道岔时，晃动特别严重，造成旅客王××（男，42岁，身份证号2109211974××××3311，持阜新站至沈阳北站新空调软座03车075号，票号S035110）在通过台处吸烟时，头部撞在风挡处，划出5 cm口子。列车广播找医护人员并采取简单包扎处理。该旅客要求下车治疗，现移交你站，请按章处理。

　　附：1. 阜新站至沈阳北站有效车票一张，票号D080134。
　　　　2. 旁证材料两份。

特此记录

注：
1. 站、车需要编制记录时适用。
2. 本记录不能作为乘车凭证。

沈阳客运　站段〉站段　　编制人员　（印）
　　　　　　　　　　　　签收人员　（印）

2018年4月25日编制

客运记录6-1

【铁路电报样式】

铁路总公司

铁路电报　　第 23 号

发报所 fbj	电报号码 xo	组数 zs	等级 dj	日期 rq	时分 sf	附注 fz

主送：沈阳机务段、沈阳北站

抄送：中国铁路沈阳局集团有限责任公司客运处、机务处　沈阳客运段

电文：2018 年 4 月 25 日，K7357 次列车在沈阳北站到站前，列车进道岔时，晃动特别严重，造成旅客王××（男，42 岁，身份证号 2109211974×××3311，持阜新站至沈阳北站新空调软座 03 车 075 号）在通过台处吸烟时，头部撞在风挡处，划出 5 cm 口子。列车广播找医护人员并采取了简单的包扎处理，编制了第 23 号客运记录将旅客移交沈阳北站，特此电告。

K7357 次列车长于沈阳北站

2018 年 4 月 25 日

铁路电报 6-1

二、跨局旅客列车紧急制动撞伤旅客时的应急处置

2018 年 4 月 1 日，K546 次列车（成都—佳木斯，新空调快速，中国铁路哈尔滨局集团有限责任公司哈尔滨客运段担当乘务工作）在沈阳北站到站前，列车进道岔时，晃动特别严重，造成旅客韩××（男，31 岁，身份证号 5108221985×××5977，持广元站至长春站新空调硬座 12 车 064 号，票号 U023445）在通过台处吸烟时，头部撞在风挡处，划出 5 cm 口子。问列车如何编制客运记录和铁路电报？

【客运记录样式】

哈尔滨铁路局　　　　　　　客统一1

 客 运 记 录

第 24 号

| 记录事由： | 移交撞伤旅客 |

沈阳北站：

　　2018年4月1日，K546次列车在沈阳北站到站前，列车进道岔时，晃动特别严重，造成旅客韩××（男，31岁，身份证号5108221985××××5977，持广元站至长春站新空调硬座12车064号，票号U023445）在通过台处吸烟时，头部撞在风挡处，划出5 cm口子。列车广播找医护人员进行了简单处理。该旅客要求下车治疗，现移交你站，请按章处理。

　　附：1. 广元站至长春站有效车票一张，票号U023445。
　　　　2. 旁证材料两份。

特此记录

注：
　　1. 站、车需要编制记录时适用。
　　2. 本记录不能作为乘车凭证。

哈尔冰客运　站段＼站段　　编制人员　（印）
　　　　　　　　　　　　　签收人员　（印）

2018年4月1日编制

客运记录 6-2

【铁路电报样式】

铁路总公司

铁 路 电 报　　第 24 号

发报所 fbj	电报号码 xo	组数 zs	等级 dj	日期 rq	时分 sf	附注 fz

主送：沈阳北站沈阳机务段

抄送：中国铁路哈尔滨局集团有限责任公司客运处　中国铁路沈阳局集团有限责任公司客运处、机务处　哈尔滨客运段

电文：2018 年 4 月 1 日，K546 次列车沈阳在北站到站前，列车进道岔时，晃动特别严重，造成旅客韩××（男，31 岁，身份证号 5108221985×××× 5977，持广元站至长春站新空调硬座车票，12 车 064 号，票号 U023445）在通过台处吸烟时，头部撞在风挡处，划出 5 cm 口子。列车广播找医务人员并采取了简单包扎处理。该旅客要求下车治疗。列车编制了第 24 号客运记录将旅客移交沈阳北站，特此电告。

K546 次列车长于沈阳北站

2018 年 4 月 1 日

铁路电报 6-2

【注意事项】

1. 主送单位：处理站、事故发生时机车乘务员所属机务段。

2. 抄送单位：事故发生地和列车所属铁路局集团有限责任公司客运处、事故发生时机车乘务员所属铁路局集团有限责任公司机务处、担当列车乘务工作客运段。

3. 发生旅客伤害时，列车会同乘警检查旅客受伤情况和车票及财务，并积极抢救受伤旅客，进行简单的包扎处理。

4. 收集旁证材料两份及以上。

第七节　厕所手纸盒刮伤旅客时的应急处置

一、管内旅客列车厕所手纸盒刮伤旅客时的应急处置

2018 年 5 月 8 日，K7375 次列车（大连—舒兰，新空调快速，沈阳铁路局吉林客运段担当乘务工作）在盖州站开车后（前方停车站是大石桥站），旅客白××（身份证号 2201121964××××406X，持大连站至磐石站的新空调硬座车票，06 车 003 号下铺，票号 B060958）在上厕所过程中，臀部不慎被厕所手纸盒刮伤，伤口约 5 cm。问列车如何编制客运记录和铁路电报？

【客运记录样式】

沈 阳 铁 路 局　　　　客统一1

客 运 记 录

第 25 号

记录事由：	移交刮伤旅客

大石桥站：

　　2018年5月8日，K7375次列车在盖州站开车后，旅客白××（身份证号2201121964××××406X，持大连站至磐石站的新空调硬座车票，06车003号下铺，票号B060958）在上厕所过程中，臀部不慎被厕所手纸盒刮伤，伤口约5 cm，列车进行了简单的包扎处理。该旅客要求下车治疗，现移交你站，请按章处理。

附：1. 大连站至磐石站有效车票一张，票号B030688。
　　2. 旁证材料两份。

特此记录

注：
　　1. 站、车需要编制记录时适用。
　　2. 本记录不能作为乘车凭证。

　　　　　　　　　站段　编制人员　（沈局***吉客）（印）
　　吉林客运　　　站段　签收人员　（沈局***吉客）（印）

2018年5月8日编制

客运记录 7-1

【铁路电报样式】

铁路总公司

铁路 电报   第 25 号

发报所 fbj	电报号码 xo	组数 zs	等级 dj	日期 rq	时分 sf	附注 fz

主送：大石桥站

抄送：中国铁路沈阳局集团有限责任公司客运处　吉林客运段

电文：2018 年 5 月 8 日，K7375 次列车在盖州站开车后，旅客白××（身份证号 22011219647××××406X，持大连站至磐石站的新空调硬座车票，06 车 003 号下铺，票号 B060958）在上厕所过程中，臀部不慎被厕所手纸盒刮伤，伤口约 5 cm。列车进行了简单包扎处理。该旅客要求下车治疗。列车编制了第 25 号客运记录将旅客移交大石桥站，特此电告。

　　　　　　　　　　K7375 次列车长于大石桥站

　　　　　　　　　　2018 年 5 月 8 日

铁路电报 7-1

二、跨局旅客列车厕所手纸盒刮伤旅客时的应急处置

2018 年 4 月 8 日，K1054 次列车（青岛北—延吉，新空调快速，中国铁路沈阳局集团有限责任公司吉林客运段担当乘务工作）在青州市开车后（前方停车站是淄博站），旅客李××（身份证号 2201251969××××344X，持青岛北站至长春站的新空调硬卧车票，13 车 011 号中铺，票号 B030688）在上厕所过程中，臀部不慎被厕所手纸盒刮伤，伤口约 5 cm。问列车如何编制客运记录和铁路电报？（K1054 次列车车体属长春车辆段。）

【客运记录样式】

沈 阳 铁 路 局　　　　　　客统—1

客 运 记 录

第 26 号

记录事由：	移交刮伤旅客

淄博站：

　　2018年4月8日，K1054次列车，青州市开车后，旅客李××（身份证号2201251969××××344X，持青岛北站至长春站的新空调硬卧车票，票号B030688，13车011号中铺）在上厕所过程中，臀部不慎被厕所手纸盒刮伤，伤口约5 cm。列车进行了简单的包扎处理。该旅客要求下车治疗。现移交你站，请按章处理。

附：1. 青岛北站至长春站有效车票一张，票号B030688。
　　2. 旁证材料两份。

特此记录

注：
1. 站、车需要编制记录时适用。
2. 本记录不能作为乘车凭证。

吉林客运　站段＼站段　　编制人员　（沈局***吉客）（印）
　　　　　　　　　　　　签收人员　　　　　　　　（印）

2018 年 4 月 8 日编制

客运记录 7-2

【铁路电报样式】

铁路总公司

铁路 电报 第 26 号

发报所 fbj	电报号码 xo	组数 zs	等级 dj	日期 rq	时分 sf	附注 fz

主送：淄博站

抄送：中国铁路济南局集团有限责任公司客运处　中国铁路沈阳局集团有限责任公司客运处、车辆处　长春车辆段　吉林客运段

电文：2018 年 4 月 8 日，K1054 次列车在青州市开车后，旅客李××（身份证号 2201251969×××344X，持青岛北站至长春站的新空调硬卧车票，13 车 011 号中铺，票号 B030688）在上厕所过程中，臀部不慎被厕所手纸盒刮伤，伤口约 5 cm。列车进行了简单包扎处理。该旅客要求下车治疗。列车编制了第 26 号客运记录将旅客移交淄博站，特此电告。

K1054 次列车长于淄博站

2018 年 4 月 8 日

铁路电报 7-2

【注意事项】

1. 主送单位：处理站。

2. 抄送单位：事故发生地和列车所属铁路局集团有限责任公司客运处、车体所属铁路局集团有限责任公司车辆处，担当列车乘务工作客运段。

3. 发生旅客伤害时，列车会同乘警检查旅客受伤情况和车票及财物，并积极抢救受伤旅客，进行简单的包扎处理。

4. 收集旁证材料两份及以上。

第八节　无人护送的行为、神情异常旅客跳车时的应急处置

一、管内旅客列车无人护送的行为、神情异常旅客跳车时的应急处置

2018年4月27日，K7334次列车（延吉—大连，新空调快速，中国铁路沈阳局集团有限责任公司吉林客运段担当乘务工作）运行至距吉林站大约5 min时，04号车厢071号座席一位无人护送的行为、神情异常旅客，突然将车窗玻璃打碎跳车，列车错过停车时机。问列车如何拍发铁路电报？（K7334次列车车体属大连车辆段。）

【铁路电报样式】

铁路总公司

铁路 电报   第 27 号

发报所 fbj	电报号码 xo	组数 zs	等级 dj	日期 rq	时分 sf	附注 fz

主送：吉林站　吉林站派出所

抄送：中国铁路沈阳局集团有限责任公司客运处、车辆处、公安处　大连车辆段　吉林客运段

电文：2018年4月27日，K7334次列车运行至距吉林站大约5 min时，04号车厢071号座席一位无人护送的行为、神情异常旅客，突然将车窗玻璃打碎跳车，列车错过停车时机，特此电告。

K7334次列车长于吉林站

2018年4月27日

铁路电报 8-1

二、跨局旅客列车无人护送的行为、神情异常旅客跳车时的应急处置

2018年4月24日，K1518次列车（西宁—沈阳北，新空调快速，中国铁路沈阳局剧团有限责任公司沈阳客运段担当乘务工作），在包头站到站前10 min，03车010号座席一位无人护送的行为、神情异常旅客，突然将车窗玻璃打碎跳车。当时列车员去邻车打水，列车错过停车时机。问列车如何拍发铁路电报？（K1518次列车车体属沈阳车辆段。）

【铁路电报样式】

铁路总公司

铁路 电报 第 27 号

发报所 fbj	电报号码 xo	组数 zs	等级 dj	日期 rq	时分 sf	附注 fz

主送：包头站　包头站派出所

抄送：中国铁路呼和浩特局集团有限责任公司客运处、公安处　中国铁路沈阳局集团有限责任公司客运处、车辆处　沈阳车辆段　沈阳客运段

电文：2018 年 4 月 24 日，K1518 次列车在包头站到站前 10 min，03 号 010 号座席一位无人护送的行为、神情异常旅客，突然将车窗玻璃打碎跳车。当时列车员去邻车打水，列车错过停车时机，特此电告。

K1518 次列车长于包头站

2018 年 4 月 24 日

铁路电报 8-2

【注意事项】

1. 主送单位：就近车站及车站驻站派出所。

2. 抄送单位：事故发生地和列车所属铁路局集团有限责任公司客运处、发生地所属铁路公安处，车体所属铁路局集团有限责任公司车辆处、车体所属车辆段、担当列车乘务工作客运段。

3. 列车工作人员发现旅客坠车时，应立即使用紧急制动阀停车。停车后，发现旅客受伤，应立即抬上列车，组织抢救。使用紧急制动阀停车后，发现旅客死亡，列车长会同乘警查明致死原因，检查、收集死者车票、证件和其他遗物，将其苫盖并派人看守。通知就近车站派人前往事故地点处理。

4. 旅客坠车未及时发现且不宜停车处理时，列车长要向铁路局客调报告，并通知发生坠车区段的有关车站驻站派出所派人前往查处，在不影响乘务工作的情况下，亲自和乘警下车返回处理。未及时发现，接到后方车站通报时，列车长应会同乘警立即调查情况，收集旁证材料和旅客携带品于三日内向处理站移交。

课后复习题答案

第一章 国家法律法规

第一节 相关法律

一、填空题

1. 国务院铁路主管部门管理

2. 地方人民政府

3. 国家铁路　其他铁路线路

4. 全国铁路　高度集中　统一指挥　地方铁路、专用铁路

5. 社会主义经营方向和为人民服务　经营管理　路风

6. 旅客运输服务工作　文明礼貌、热情周到　车站和车厢　饮用开水　饮食供应

7. 补收票款　加收票款　责令下车

8. 发展生产、搞活流通

9. 国务院铁路主管

10. 铁路运输企业　调解　仲裁机构

二、判断题（对的打"√"，错的打"×"）

1. ×　2. √　3. √　4. ×　5. ×　6. ×　7. √　8. √

三、单项选择题

1. A　2. D　3. D　4. C　5. B　6. A　7. C　8. D

四、简答题

1.《中华人民共和国铁路法》所称铁路，包括哪些？具体内容是什么？

《中华人民共和国铁路法》所称铁路，包括国家铁路、地方铁路、专用铁路和铁路专用线。

国家铁路是指由国务院铁路主管部门管理的铁路。

地方铁路是指由地方人民政府管理的铁路。

专用铁路是指由企业或者其他单位管理，专为本企业或者本单位内部提供运输服务的铁路。

铁路专用线是指由企业或者其他单位管理的与国家铁路或者其他铁路线路接轨的岔线。

2. 什么是铁路运输合同？

铁路运输合同是明确铁路运输企业与旅客、托运人之间权利义务关系的协议。

3. 什么是合同或者合同的组成部分？

旅客车票、行李票、包裹票和货物运单是合同或者合同的组成部分。

4. 哪些原因造成的货物、包裹、行李损失的，铁路运输企业不承担赔偿责任？

（1）不可抗力。

（2）货物或者包裹、行李中的物品本身的自然属性，或者合理损耗。

（3）托运人、收货人或者旅客的过错。

5. 铁路运输企业对旅客乘车的相关规定有哪些？

（1）铁路运输企业应当保证旅客按车票载明的日期、车次乘车，并到达目的站。因铁路运输企业的责任造成旅客不能按车票载明的日期、车次乘车的，铁路运输企业应当按照旅客的要求，退还全部票款或者安排改乘到达相同目的站的其他列车。

（2）铁路运输企业应当采取有效措施做好旅客运输服务工作，做到文明礼貌、热情周到，保持车站和车厢内的清洁卫生，提供饮用开水，做好列车上的饮食供应工作。

铁路运输企业应当采取措施，防止对铁路沿线环境的污染。

（3）旅客乘车应当持有效车票。对无票乘车或者持失效车票乘车的，应当补收票款，并按照规定加收票款；拒不交付的，铁路运输企业可以责令下车。

第二节　相关法规

一、填空题

1. 安全第一、预防为主

2. 站车工作人员　列车长、站长　现场秩序

3. 前方县、市所在地车站　公共医疗条件

4. 重点关注　到站或下车站

5. 电话　第一时间　所属铁路局主管部门　速报　上级主管部门和宣传部门

6. 行人\机动车、非机动车、牲畜　冲突、脱轨、火灾、爆炸

7. 2辆以上18辆　24小时　48小时

8. 3人　10人　1 000万元

9. 30日

10. 国务院铁路主管部门

二、判断题（对的打"√"，错的打"×"）

1. √　2. ×　3. ×　4. √　5. ×　6. ×　7. √　8. √

三、单项选择题

1. A　2. B　3. A　4. A　5. C　6. B　7. D　8. D

四、简答题

1. 发生旅客坠车时，在不具备停车条件或者迟延发现的，应如何处理？

不具备停车条件或者迟延发现的，列车长应当报告运行所在铁路局客运调度，客运调度员接到报告后立即通知值班主任，值班主任通知相关列车调度员和铁路公安局指挥中心，由列车调度员和铁路公安局指挥中心分别通知邻近车站及车站铁路公安派出所派人寻找。列车运行至前方停车站时，列车长应拍发电报，向发生地和列车担当铁路局主

管部门报告。

2. 发生旅客人身伤害后，列车长、站长应当做好哪些工作？

发生旅客人身伤害后，列车长、站长应当及时组织现场查验，全面搜集、梳理相关证据资料，检查旅客所持车票的票种、票号、发到站、车次、有效期及有效身份证件信息等，描绘现场旅客定位图，收集不少于两份同行人或见证人的证言及查验记录、现场照片、录像等其他相关证据，形成比较完整的证据链，能够证明发生的过程和原因，初步明确性质，并妥善保管。

旅客或第三人能够说明事件发生经过或责任的，应当由其出具书面材料，并签字确认。

涉及违法犯罪或者旅客死亡的，由铁路公安机关组织现场勘查。

证人应当具有完全民事行为能力。证人证言中应当记录证人的姓名、性别、年龄、地址、联系方式、有效身份证件信息等内容。有医务工作人员参加救治时，应当由其出具参与救治经过的证言。

证言、证据应当真实，能够反映发生的时间、地点、过程、原因和结果。

3. 列车向车站移交伤害旅客时，车站不得拒绝接收，办理移交手续时，列车应当做好哪些工作？

列车应当编制客运记录和旅客携带物品清单一式两份，一份由列车存查，一份连同车票、证明材料、相关证人或其联系方式等一并移交。客运记录应载明日期、车次，旅客姓名、性别、年龄、国籍、民族、职业、单位、有效身份证件号码、联系方式、住址、车票种类、号码、发站、到站、车厢、席位、受伤地点、受伤原因、受伤部位、处理简况，以及证据材料清单等内容。因时间来不及记明前述内容时，可在客运记录中简要记明日期、车次、下交原因，并必须在 3 日内向处理单位补交有关材料。特殊情况来不及编制客运记录时，列车长或其指定的专人应随同伤害旅客下车办理交接。涉及第三人时，应将第三人同时交站处理。

对已经控制的违法、犯罪嫌疑人，应当及时移交车站铁路公安派出所。

4. 对哪些情形造成的旅客人身伤害应当立即向铁路公安机关报警？

（1）杀人、抢劫、抢夺、强奸、爆炸、纵火、绑架、结伙斗殴、寻衅滋事、故意伤害、击打列车、故意损毁、移动站车设备等违法犯罪行为。

（2）因散布谣言、谎报险情、疫情、警情、扬言放火、爆炸、投放危险物质，或者非法阻拦行车、堵塞通道等，引起公共秩序混乱。

（3）火灾、爆炸、中毒等治安灾害事故。

（4）精神病人肇事肇祸，醉酒滋事行为。

（5）自然灾害。

（6）铁路设备、设施故障造成的事故。

5. 报告（含速报）内容主要包括哪些？

（1）发生日期、时间、车次、地点、车站、区间里程。

（2）伤亡旅客的姓名、性别、年龄、国籍、民族、职业、单位、有效身份证件号码、联系方式、住址以及车票种类、号码、发站、到站、车厢、席位等基本情况。

（3）发生经过、旅客伤亡及现场处理简况。

6. 遇哪些情形，车站应当承担相关责任？

（1）旅客持票进站后或下车后出站前，因车站组织不当造成人身伤害的。

（2）车站引导标志缺失或不准确，误导旅客造成其人身伤害的。

（3）车站设施设备不良造成旅客人身伤害的。

（4）车站在停止检票后继续检票放行或检票放行时间不足，致使旅客抢上列车造成人身伤害的。

（5）车站组织不当造成旅客上车时发生人身伤害的。

（6）因车站客运工作人员违章作业、过失造成旅客人身伤害的。

（7）有理由认定属于车站责任的。

7. 遇哪些情形，列车应当承担相关责任？

（1）车门漏锁致旅客坠车造成人身伤害的。

（2）列车工作人员过错致旅客误下车、背门下车、在不办理乘降的车站（包括区间停车）下车、列车运行中开启车门造成人身伤害的。

（3）列车组织不当或列车工作人员违反作业标准，致旅客乘降时造成人身伤害的。

（4）列车客运工作人员对设备管理不善造成旅客人身伤害的。

（5）列车客运工作人员违章作业、过失造成旅客人身伤害的。

（6）有理由认定属于列车责任的。

第三节 动车组列车相关规定

一、填空题

1. 人身安全 现金票据

2. 车辆、客运人员 一次

3. 知位置、知性能、会使用

4. 规范使用 有人监管 离人断电

5. 符合标准 图形标志 服务指南 安全常识 安全乘车

6. 车内秩序 拣拾、讨要

7. 公安机关

8. 平稳、牢固、整齐

9. 衣帽、服饰

10. 医护人员 客调

二、判断题（对的打"√"，错的打"×"）

1. √ 2. √ 3. × 4. × 5. √ 6. × 7. √ 8. √

三、单项选择题

1. A 2. D 3. D 4. A 5. B 6. B 7. C 8. A

四、简答题

1. 车门管理制度是如何规定的？

（1）列车到站停稳后，司机或随车机械师开启车门，并监控车门开启状态。开车前，列车长（重联时为运行方向前组列车长）接到车站与客运有关的作业完毕通知后，按规定通知司机或随车机械师关闭车门。

（2）动车组列车停靠低站台时，到站前乘务人员提前锁闭辅助板指示锁并打开翻板，开车后及时将翻板及辅助板指示锁复位。

（3）餐车上货门仅供餐车售货人员补充商品、餐料时使用，无旅客乘降。

（4）列车运行中，车门、气密窗锁闭状态良好。定期巡视，保持通道畅通。发现车门未锁闭或锁闭状态不良时，指派专人看守，并及时通知随车机械师处理。

2. 乘务人员进出车站和动车所（客技站）时如何行走？

乘务人员进出车站和动车所（客技站）时走指定通道，通过线路时走天桥、人行地道，走平交道时做到"一停二看三通过"，不横越线路，不钻车底，不跨越车钩，不与运行中的机车车辆抢行。进出车站时集体列队。

3. 发现旅客携带品可疑及无人认领的物品时，应如何处理？

发现旅客携带品可疑及无人认领的物品时，配备乘警（或列车安全员，下同）的列车通知乘警到场处理；未配备乘警的由列车长按规定处理，对危险品做好登记、保管及现场处置，并交前方停车站（公安部门）处理。

4. 行李架、大件行李存放处物品摆放的规定有哪些？

行李架、大件行李存放处物品摆放平稳、牢固、整齐。大件行李放在大件行李存放处，不占用席（铺）位，不堵塞通道。锐器、易碎品、杆状物品及重物等放在座（铺）位下面或大件行李存放处。

5. 发现行为、神情异常旅客时，应如何处理？

发现行为、神情异常旅客时，重点关注，配备乘警的列车通知乘警到场处理；未配备乘警的列车由列车长处理，情形严重时交列车运行前方停车站处理。

6. 遇列车空调故障时应如何处理？

有条件的，将旅客疏散到空调良好的车厢；需开启车门通风的，按规定安装防护网，有专人防护。在停车站，开启站台一侧车门；在途中，开启运行方向左侧（非会车侧）车门。运行途中劝阻旅客不在连接处停留，临时停车严禁旅客下车。在站停车须组织旅客下车时，站车共同组织。按规定做好旅客到站退还票价差额时的站车交接。

7. 发生烟火报警时应如何处理？

随车机械师、列车长和乘警根据司机通知立即到报警车厢查实确认，查看指定车厢的客室、卫生间，随车机械师重点查看电气设备。若发生客室或设备火情，列车长或随车机械师立即通知司机按规定实施制动停车，并启动应急预案进行处理；若确认因吸烟等非火情导致烟火报警时，由随车机械师做好恢复处理，乘警依法调查，并向旅客通告。

第四节 空调列车相关规定

一、填空题

1. 老、幼、病、残、孕

2. 依靠辅助器具 重点旅客
3. 人身安全、现金票据
4. 客运、车辆、公安 列车上部设备设施 "三乘检查记录" "三乘检查记录"车辆乘务员
5. 紧急制动阀 防毒面具 扩音器
6. 搭挂物品 不过期 压力 标牌
7. "消防专用"
8. 台面 一餐一清 一趟一清
9. 加强巡视 列车长 检查瞭望
10. 放行方向 验票上车 安全乘降
11. 车内秩序 叫卖、拣拾、讨要 及时制止
12. 重点关注 列车长 列车运行前方停车站处理
13. 列车中部

二、判断题（对的打"√"，错的打"×"）

1. × 2. √ 3. √ 4. × 5. √ 6. × 7. × 8. √

三、单项选择题

1. A 2. C 3. C 4. D 5. A 6. B 7. B 8. A 9. A

四、简答题

1. 执行车门管理制度是如何规定？

（1）车门管理做到停开、动关、锁，出站台检查瞭望值乘区域车门。车站开车铃声结束、旅客乘降完毕后上车放下脚踏板，在车门口值守做好关门准备（塞拉门应关闭车门），车动关闭车门；进站提前到岗，确认站台，试开车门（塞拉门除外），停稳开门，卡牢翻板，无旅客从背面车门下车。试开车门时开启车门缝隙不超过10厘米，确认车门状态良好后立即关闭。始发、终到客流较大时双开车门组织乘降，一人值乘多个车厢时，由车站负责值守增开的车门。

（2）列车运行中，载客车厢连接端门不锁闭，特殊情况需要锁闭时，应有工作人员监管，需要时能随时打开。车门及餐车厨房边门、走廊边门、厨房后门锁闭；行李车、发电车、邮政车端门锁闭，但与车厢连接端门锁闭后可用列车通用钥匙打开。到站前、开车后疏通通道。列车站停期间，卧车端门按照值乘范围锁闭相应车厢端门。

（3）列车首节车辆前部、尾节车辆后部设有外端门、防护栏和"禁止通行、当心坠落"标志，外端门运行中锁闭。餐车后厨边门窗户不是内翻可开启式的，边门外加装防护栏并加锁固定牢固。列车首尾载客车厢侧门和端门运行中锁闭，在内端门设置"旅客止步"标志。

（4）临时停车时做好宣传，加强巡视，确保车门锁闭，严禁旅客上下车，未经列车长统一组织不准开启车门。列车启动后四门检查瞭望。

（5）停站立岗时，面向旅客放行方向立岗（高站台时不背对车厢连接处立岗），做好安全宣传，验票上车，重点帮扶，安全乘降。

（6）高站台乘降作业时，站停时间超过 4 分钟时，车门口与站台间使用安全踏板，组织乘降的车门与相邻车厢间空挡处设置警示带。安全踏板制作轻巧牢固，安放平稳，定位放置。警示带印有反光材料制作的"请勿靠近、当心坠落"字样及当前、相邻车厢顺号，设置方式、位置统一。临时双开车门组织乘降时，增开的车门可以不设安全踏板和警示带。

2. 发现旅客携带品可疑及无人认领的物品时，应如何处理？

发现旅客携带品可疑及无人认领的物品时，配备乘警（或列车安全员，下同）的列车通知乘警到场处理；未配备乘警的由列车长按规定处理，对危险品做好登记、保管及现场处置，并交前方停车站（公安部门）处理。

3. 行李架、大件行李存放处物品摆放的规定有哪些？

行李架物品摆放平稳、牢固、整齐。大件行李妥善放置，不占用席（铺）位，不堵塞通道。锐器、易碎品、杆状物品及重物等放在座（铺）位下面。衣帽钩限挂衣帽、服饰等轻质物品。

4. 发现行为、神情异常旅客时，应如何处理？

发现行为、神情异常旅客时，重点关注，配备乘警的列车通知乘警到场处理；未配备乘警的列车由列车长处理，情形严重时交列车运行前方停车站处理。

第二章　电气化区段安全管理

一、填空题

1. 导线、承力索

2. 接触网工区或电力调度员

3. 红色　红色　两侧

4. 红色　红色　上下

5. 列车调度员　接触网工区值班人员

6. 每年

二、判断题（对的打"√"，错的打"×"）

1. √　2. ×　3. ×　4. √　5. ×

三、单项选择题

1. B　2. B　3. A　4. A　5. B　6. D　7. D　8. B

第三章　动车组消防安全管理暂行规定

一、填空题

1. "预防为主，防消结合"

2. 加强管理　专责机关　岗位防火责任制　标准化管理

3. 车辆、客运、机务

4. 安全监察

5. 列车长

6. 消防安全　新技术新设备　考试取得合格证

7. 电气装置、元件

8. 妥善　车上

9. "统一指挥、快速反应、正确处置、站车协同、尽快开车"

10. 车站站长

二、判断题（对的打"√"，错的打"×"）

1. ×　　2. ×　　3. √　　4. √　　5. √

三、单项选择题

1. B　　2. A　　3. A　　4. D　　5. B　　6. D

四、简答题

1. 动车组消防安全台账包括哪些主要内容？

（1）上级有关消防工作的文件（复印件或摘抄件）。

（2）动车组消防安全小组名册。

（3）火灾事故应急预案及人员分工。

（4）消防安全小组会议和活动记录。

（5）乘务人员消防安全培训记录。

2. 列车长岗位防火职责是什么？

（1）全面负责动车组消防安全管理工作，贯彻上级有关消防工作部署，接受上级的消防安全检查。

（2）检查督促乘务工作人员落实岗位防火责任制。

（3）主持召开消防安全小组会议，总结分析、安排布置消防工作。

（5）组织乘务工作人员学习消防知识，提高防火灭火技能。

（6）按规定运行中进行防火巡查，发现和消除火灾隐患，制止违反消防管理的行为，并做好巡查记录。

（7）组织乘务人员向旅客宣传防火、防爆安全知识，做好易燃易爆危险物品查堵工作。

（8）运行中发生火灾时，启动火灾事故应急预案，组织指挥乘务人员疏散旅客，扑灭火灾；及时向列车调度员及有关部门报告，协助公安、安监部门查明起火原因，组织恢复列车运行。

（9）按规定填写消防安全台账。

（10）参加联检交接。

3. 客运乘务员岗位防火职责是什么？

（1）严格遵守动车组消防安全规章制度，服从命令，听从指挥，坚守岗位，落实防火措施。

（2）认真巡视车厢，及时制止旅客吸烟。

（3）加强运行中对电气设备、火灾自动报警显示屏的监视，严格执行操作规程，发现报警及故障，及时向列车长或随车机械师报告。

（4）学习消防知识，达到"三懂三会"，熟练掌握火灾应急处置预案。

（5）做好查堵易燃易爆危险物品工作，发现易燃易爆危险物品及时报告列车长妥善处理。

（6）发生火灾时，按火灾事故应急预案立即通知列车长和司机，及时疏散旅客，扑救初起火灾，维护秩序，保护旅客安全。

第四章 《高速铁路技术管理规程》安全规定

一、填空题

1. 国民经济　重要基础设施　交通工具　资源节约型　环境友好型
2. 灭火器　防火措施　防爆措施
3. 进站　通过　调车信号机
4. 安全监察
5. 列车长
6. 铁路局
7. 铁路信息系统
8. 统一领导　统一标准　统一管理　信息共享　安全可靠
9. 高站台　停车位置标　禁行标志
10. 电力机车、内燃机车　交流传动和直流传动
11. 包乘制和轮乘制　铁路局
12. 客车、货车
13. 安全生产　高度集中、统一领导
14. 列车运行图
15. 钟表
16. 货车　速度要求
17. 加锁　锁闭
18. 调车作业　严格执行
19. 昼间、夜间及昼夜
20. 两侧　白色灯光

二、判断题（对的打"√"，错的打"×"）

1. √　2. ×　3. ×　4. √　5. ×　6. √　7. ×
8. √　9. ×　10. ×　11. √　12. √　13. ×　14. ×

三、单项选择题

1. B　2. A　3. B　4. C　5. B　6. A　7. D　8. D　9. D
10. D　11. C　12. B　13. A　14. B　15. C　16. D　17. A
18. B　19. C

四、简答题

1. 铁路线路分为几种？分别是什么？

铁路线路分为正线、站线、段管线、岔线及安全线等。

正线是指连接车站并贯穿或直股伸入车站的线路。

站线是指到发线、调车线、牵出线、货物线及站内指定用途的其他线路。

段管线是指机务、车辆、工务、电务、供电等段专用并由其管理的线路。

岔线是指在区间或站内接轨，通向路内外单位的专用线路。

安全线是为防止列车或机车车辆从一进路进入另一列车或机车车辆占用的进路而发生冲突的一种安全隔开设备。

2. 机车应有哪些识别的标记？

路徽、配属局段简称、车型、车号、最高运行速度、制造厂名及日期。在机车主要部件上应有铭牌，在监督器上应有检验标记。电气化区段运行的机车应有"电化区段严禁攀登"的标识。内燃机车燃料箱上应标明燃料油装载量。

3. 车辆应有哪些识别的标记？

路徽、车型、车号、制造厂名及日期、定期修理的日期及处所、自重、载重、换长等；车辆应有车号自动识别标签；客车上应有所属局段的简称；客车还应有车种、定员、最高运行速度标记；电气化区段运行的客车应有"电化区段严禁攀登"的标识。

4. 动车组应有哪些识别的标记？

路徽、配属局段简称、车型、车号、定员、自重、载重、全长、最高运行速度、制造厂名和日期、定期修理日期、修程和处所。动车组应有"电化区段严禁攀登"的标识。

5. 列车运行上下行是如何规定的？

列车运行，原则上以开往北京方向为上行，反之为下行。

各线的列车运行方向，以铁路总公司的规定为准，但枢纽地区的列车运行方向，由铁路局规定。

列车须按规定编定车次。上行列车编为双数，下行列车编为单数。在个别区间，使用直通车次时，可与规定方向不符。

6. 列车应设有列车乘务组。列车乘务组按哪些规定组成？

（1）动车组列车应有动车组司机，其他列车应有机车乘务人员。

（2）动车组列车应有随车机械师，其他旅客列车应有车辆乘务人员。

（3）旅客列车应有客运乘务组。

7. 车辆乘务员、客运乘务组等列车乘务人员发现哪些危及行车和人身安全情形时，应使用紧急制动阀（紧急制动装置）停车？

（1）车辆燃轴或重要部件损坏。

（2）列车发生火灾。

（3）有人从列车上坠落或线路内有人死伤。

（4）其他危及行车和人身安全必须紧急停车时。

8. 使用车辆紧急制动阀的方法是如何规定的？

使用车辆紧急制动阀时，不必先行破封，立即将阀手把向全开位置拉动，直到全开为止，不得停顿和关闭。遇弹簧手把时，在列车完全停车以前，不得松手。在长大下坡道上，必须先看制动主管压力表，如压力表指针已由定压下降 100 kPa 时，不得再行使用紧急制动阀（遇折角塞门关闭时除外）。

动车组列车遇上述情况时，随车机械师、客运乘务组等列车乘务人员应立即报告司机采取停车措施；来不及报告时，应使用客室紧急制动装置停车。

列车乘务人员应将使用紧急制动阀（紧急制动装置）的情况报告司机。

9. 铁路信号分为几种？其具体内容是什么？

铁路信号分为视觉信号和听觉信号。

视觉信号的基本颜色：

红色——停车；

黄色——注意或减低速度；

绿色——按规定速度运行。

听觉信号：号角、口笛等发出的音响和机车、动车组、自轮运转特种设备等的鸣笛声。

引用法律法规

[1] 中华人民共和国铁路法.1991年5月1日起施行.

[2] 中华人民共和国安全生产法.2014年12月1日起施行.

[3] 铁路安全管理条例.2014年1月1日起施行.

[4] 铁路旅客人身伤害及携带品损失处理暂行办法.铁运〔2012〕319号.

[5] 铁路交通事故应急救援和调查处理条例.国务院令501号.

[6] 铁路旅客运输服务质量规范.2015年1月1日起施行.